Protección de la
Inocencia de la infancia

Código QR

GrowingFamilies.Life

Abra la cámara del teléfono y escanee

Protección de la
Inocencia de la infancia

Proteger a los niños de la sobrecarga de conocimientos sexuales

Gary y Anne Marie Ezzo

Proteger la inocencia de la infancia
Proteger a los niños de la sobrecarga de conocimientos sexuales

© *2020 Gary y Anne Marie Ezzo*

Growing Families International
Oficina Administrativa
2160 Cheswick Lane, Mount Pleasant, SC 29466
GrowingFamilies.Life

Imprimir año/ejecución
19/2 - 20/3

Traducción al español producida y copiada por:
OneFamily™/UnaFamilia™
onefamilyhwl.org/español

Contacto: info@onefamilyhwl.org

Dedicado a:

Randy y Kathy Loewen

Si te das a la disposición, hay dos cosas en la vida
que siempre te encontrará, amor y buenos amigos.
¡A veces se juntan!

Reconocimientos

Deseamos expresar nuestra gratitud a los muchos amigos y asociados del ministerio que ayudaron a guiar esta serie hasta su finalización. Mientras que todavía en las etapas de la formación, cuando la ayuda era más necesaria, vino sin par parar y abundantemente. Deseamos agradecer específicamente a Rich y Julie Young por sus ideas y contribución a toda esta serie, incluida la escritura y el guión de la parte de video que acompaña a este libro. También nos gustaría agradecer a audrey Warner, amiga desde hace mucho tiempo y socia del ministerio, quien comparte la carga de proteger la inocencia de los niños. Audrey también proporcionó los recursos históricos que se encuentran en el Apéndice A. También está nuestro asesor médico que siempre tuvo tiempo para una pregunta más. En este grupo se incluyen los doctores Robert Wiles, Tom Reed y Rusty Turner.

Los buenos editores son responsables de la legibilidad de un libro. Deseamos reconocer a Tommye Gadol por su liderazgo editorial, junto con Geoff y Alicia Bongers por su fiel revisión del manuscrito y la adición de esos toques finales. Está Lori Moore, cuya asistencia administrativa nos dio tiempo para completar la serie, mientras ella se encargaba de las obligaciones del día a día del ministerio. Por último, pero no menos importante, están los fieles amigos de la Iglesia De la Costa, una comunidad cristiana donde la vida triunfa sobre la muerte, la virtud sobre el vicio. Finalmente, a las muchas mamás, papás y niños que apoyaron este esfuerzo con aliento y oración, les decimos: "Gracias". Nos sentimos honrados por su amabilidad, amor y generosidad de tiempo. Las generaciones venideras serán bendecidas por los esfuerzos de todos los mencionados anteriormente.

Tabla de Contenidos

Introducción

Infancia! Es el momento más preciado de la vida, compuesto por días mágicos llenos de curiosidad, aventura y descubrimiento. Es una época de la vida en la que el sol es más brillante, la hierba es más verde y la vida tiene muy pocas amenazas. Debe ser un tiempo de risas y compartir, alegría y juego. ¡Los niños solo tienen una infancia y creemos que vale la pena protegerla! Sin embargo, nos damos cuenta de que esto es más fácil decirlo que hacerlo.

Vivimos en una época en la que se presta poca atención a la inocencia que pertenece a la infancia. La "inocencia" a la que nos referimos refleja la ausencia de conocimientos y experiencias de vida de los adultos, que, si se aplicaran a los niños, los expulsarían prematuramente de la infancia. Lo mismo ocurre con la educación sexual inadecuada. Nada puede robarle a un niño su inocencia infantil más rápido o con más devastación, que la transferencia prematura del conocimiento sexual. Una vez que se pierde la inocencia de la infancia, no se puede recuperar, y ese es el desafío de la era en la que ahora vivimos.

Los padres de hoy en día están compitiendo con los mensajes sexuales apoyados por miles de millones de dólares de publicidad. ¿Cómo pueden proteger a sus hijos del "conocimiento" sexual intrusivo, no invitado e inapropiado, cuando viven en una sociedad en la que el sexo se anuncia y se vende como una mercancía? ¿Cómo pueden los padres proteger la inocencia sexual de sus hijos y, al mismo tiempo, prepararlos con el conocimiento necesario y apropiado para su edad que los mantendrá seguros en un mundo sexualmente amenazador?

Hay una manera probada, y viene con una generación de historias de éxito. Los padres, no los burócratas, deben asumir la responsabilidad como la principal fuente de conocimiento sensual y sexual. Nadie puede hacer el trabajo mejor que una madre y un padre bien formados, porque nadie puede representar mejor los valores de su hogar. Esta guía de estudio y la presentación en video que la acompaña se basan en esa creencia. En las páginas a seguir, los lectores encontrarán un plano paso a paso que les ayudará a educar a sus hijos con un tipo de conocimiento "protector" que no abrumará sus sentidos, ni les robará la inocencia que pertenece a la infancia. Es un método que permite a los niños obtener el conocimiento que necesitan sin ser contaminados en el camino.

Dos palabras utilizadas con frecuencia en esta presentación son "sexual" y "sensual". Para nuestros propósitos de enseñanza, la palabra, sexual, se relaciona con los procesos biológicos que vienen con el crecimiento y la madurez. El uso de la palabra, sensual, se refiere a los procesos emocionales más amplios más allá de lo biológico.

Aunque esta guía de estudio puede ser un recurso de crianza independiente, está diseñada para funcionar en conjunto con la presentación de video de cuatro partes con el mismo nombre. El libro complementa cada lección en vídeo en consecuencia y se divide en cuatro secciones principales:

Sección One-Visit One: Capítulo 1, Apéndice A

Sección Dos-Visita Dos: Capítulo 2

Sección Tres-Visita Tres: Capítulos 3-4, Apéndice B

Sección Cuatro-Visita Cuatro: Capítulos 5-9, Apéndice C

En la parte delantera de las tres primeras secciones, el lector primero encontrará una página de "Mis notas" que se puede utilizar para tomar notas personales durante la presentación del video. Después de la página de "notas" está la sección "Puntos de resumen", que destaca los pensamientos clave que se encuentran en la presentación del video. Esta sección se utiliza a menudo para una guía de referencia rápida y una revisión en las semanas posteriores a la clase. Los puntos de resumen son seguidos por la sección "Lectura", que amplía los muchos conceptos proporcionados en la presentación de vídeo. Tenga en cuenta que la cuarta sección del libro (que comienza en el capítulo cinco) no tiene notas resumidas per se, pero enumera las diversas preguntas que se encuentran en la cuarta presentación.

También pedimos al lector que tenga en cuenta las estadísticas citadas en esta serie. Son representativos de las tendencias actuales, pero las tendencias cambian muy rápidamente. Si bien algunas estadísticas pueden fluctuar hacia arriba o hacia abajo en los próximos años, que sepamos, ninguna ha cambiado significativamente desde que se presentaron originalmente. Cuando cambian (y lo harán), tememos que no indiquen una mejora.

Finalmente, lo invitamos a unirse a la comunidad de padres que persiguen valores de ideas afines en GrowingFamilies.Life. Aquí puede unirse a otros padres, navegar por nuestra biblioteca del plan de estudios y hacer preguntas. El sitio está lleno de artículos, comentarios y enlaces a otros recursos útiles. Venga, visite y encuentre el apoyo que afirma, en lugar de atacar, sus valores.

Confiamos en que encontrará *proteger la inocencia de la infancia* informativo, altamente práctico y fundamental para los próximos años. Animarse.

Gary y Anne Marie Ezzo
Charleston (Carolina del Sur), 2020

Sección Primera

*El reto de proteger
la inocencia de la infancia
(Capítulo 1 y Apéndice A)*

Mis notas

Lecciones para llevar

El Reto de Proteger la Inocencia de la Infancia
Puntos de resumen para la visita uno

☐ 1. Si bien los temores y preocupaciones de la generación pasada eran legítimos, palidecen en comparación con los desafíos multifacéticos a los que se enfrentan los padres en esta era digital actual.

☐ 2. Los niños de hoy en día tienen dispositivos móviles que pueden proporcionar acceso instantáneo a todo y cualquier cosa. De las palmas de sus manos, pueden reunir y almacenar un mundo de conocimiento, junto con el conocimiento del mundo.

☐ 3. Incluso si los padres pudieran eliminar todos los dispositivos digitales del mundo de sus hijos, todavía se verían desafiados por una cultura moralmente relativista que elimina todos los límites con respecto a la conducta sexual al redefinir los significados tradicionales del amor y el romance.

☐ 4. El sexo se comercializa como una mercancía. Internet lo explota; los anunciantes se benefician de ello; a las niñas se les dice que pueden llegar a ser glamorosas haciendo alarde de ello, y los niños pueden llegar a ser populares persiguiéndolo.

☐ 5. El conocimiento sexual no es conocimiento inocente, porque no puede separarse del conocimiento moral necesario para regularlo.

☐ 6. Cualquier estrategia para ayudar a los niños a desarrollar actitudes saludables y protectoras relacionadas con sus futuros poderes generativos requiere que se transfieran conocimientos sexuales:

    ☐ a. Gradualmente,

    ☐ b. Secuencialmente (línea por línea, precepto por precepto),

    ☐ c. Sujeto a la edad moral, emocional e intelectual del niño específico y a su capacidad de comprensión.

☐ 7. En última instancia, la perspectiva en desarrollo de un niño sobre el amor, el romance y la sexualidad tiene más que ver con las "impresiones sutiles" obtenidas en el entorno doméstico durante los primeros diez años de su vida que con la comunicación de hechos reproductivos reales.

☐ 8. Proteger la inocencia sexual de los niños implica tomar medidas para minimizar la intrusión de conocimientos inadecuados, hasta que tengan la edad suficiente para gestionar emocionalmente dichos conocimientos.

☐ 9. El objetivo de la educación sexual no debe ser enseñar a los niños a tener "sexo seguro" o mantener a los depredadores alejados de su puerta. Más bien, el objetivo es inculcar dentro de sus hijos actitudes que se respetan a sí mismos y honran a Dios y que reconocen los límites sexuales.

☐ 10. Los padres necesitan dos cualidades de liderazgo:

  ☐ a. Una visión de lo que esperan lograr. ¿Cómo será el producto terminado?

  ☐ b. El conocimiento de cómo encajan todas las piezas del rompecabezas.

☐ 11. Algunas de las "precauciones protectoras" que ayudarán a mantener el corazón y la mente de un niño seguros y preparados incluyen:

  ☐ a. Crear un entorno hogar que dé vida

  ☐ b. Establecer límites de tiempo de pantalla apropiados

  ☐ c. Proporcionar una puerta de escape

  ☐ d. Esperar hasta que estén listos: Tabletas, teléfonos e Internet

  ☐ e. Abordar el desafío de los depredadores cibernéticos

  ☐ f. Recordando que "La mala compañía corrompe la buena moral".

☐ 12. Existen dos métodos para transferir estos conocimientos a los niños: el método directo y el método indirecto.

☐ 13. Los estudios confirman que cuando los padres son la principal fuente de conocimiento sexual, los valores parentales tienen una mayor influencia en los niños que los amigos o los maestros. Sin embargo, si el conocimiento sensual se comunica principalmente a través de amigos o un maestro, entonces su influencia se vuelve más dominante y persuasiva que la de los padres.

Capítulo 1
El desafío

Tenemos pocas dudas sobre el amplio interés y el apoyo a un plan de estudios que ofrece un enfoque diferente de la educación sexual que lo que ahora se ofrece comúnmente en los entornos de educación pública. La edición anterior de esta serie (publicada entre 1993-2015) requirió 20 impresiones para satisfacer las demandas de un sector público floreciente e insatisfecho.

Para poner esto en una perspectiva histórica, las madres y los padres hace 25 años estaban muy preocupados por el declive moral de la sociedad, el aumento de los currículos intrusivos de educación sexual patrocinados por el gobierno y la creciente ausencia de límites sexuales dentro de los medios de comunicación y las industrias cinematográficas. Sin embargo, hay una gran diferencia entre la generación pasada y la presente. Si bien los temores y preocupaciones de la generación pasada eran legítimos, palidecen en comparación con los desafíos multifacéticos que enfrentan los padres en esta era digital actual.

Los niños de hoy en día tienen dispositivos móviles que pueden proporcionar acceso instantáneo a cualquier cosa y todo. De las palmas de sus manos, pueden reunir y almacenar un mundo de conocimiento, junto con el conocimiento del mundo. Ese hecho por sí solo crea desafíos de crianza que las generaciones anteriores no podrían haber imaginado. Por ejemplo, la condición humana de la lujuria no es nueva para la humanidad; pero las imágenes sin filtrar e ilimitadas a la lujuria después ahora están disponibles con un golpe de dedo de una pantalla o un simple comando de voz.

Incluso si los padres pudieran eliminar todos los dispositivos digitales del mundo de sus hijos, aún se verían desafiados por una cultura moralmente relativista que elimina todos los límites con respecto a la conducta sexual al redefinir los significados tradicionales del amor y el romance. Por ejemplo, Hollywood retrata la necesidad emocional de amor y seguridad de una joven como algo que se puede satisfacer a través de encuentros sexuales casuales, en lugar de esperar y encontrar satisfacción a través de una relación sana y un compromiso de por vida. Esto juega con la narrativa social más amplia en la que el sexo se comercializa como una mercancía. Internet lo explota; los anunciantes se benefician de ello; a las niñas se les dice que pueden llegar a ser glamorosas haciendo alarde de ello, y los niños pueden llegar a ser populares persiguiéndolo.

En un mundo así, ¿cómo pueden los padres inculcar en sus hijos una visión que honra a Dios de la sexualidad humana, cuando desde una edad muy temprana, los niños están siendo inundados con información de múltiples fuentes públicas y privadas que entra en conflicto directo con todo lo que es noble y virtuoso?

Para la creciente población de padres que encuentran el tono nacional e internacional relacionado con la sexualidad más ofensivo que saludable, hay algunas buenas noticias. Hay una mejor manera de comunicar el conocimiento sexual a los niños que lo que actualmente se ofrece a través de los planes de estudio de las escuelas públicas, o ejemplificado por las celebridades de Hollywood.

¿QUÉ ES LA EDUCACIÓN SEXUAL?

Este libro está escrito específica e intencionalmente para aquellas madres y padres que no están dispuestos a permitir que las voces externas tengan la libertad de dictar qué conocimiento sexual escucharán sus hijos, cómo lo escucharán y cuándo lo escucharán. Está escrito para alentar a aquellas madres y padres que entienden que los niños solo tienen una infancia, y proteger la inocencia que da valor a la infancia debe ser una preocupación prioritaria.

La inocencia infantil es lo que mantiene a un niño en la infancia.

Quita la inocencia innata de la infancia y eliminas las esencias de la infancia. En nuestros más de 35 años de educación de los padres, nos hemos dado cuenta de que nada ataca la inocencia de la infancia más rápido, y con una influencia más destructiva, que proporcionar a los niños un conocimiento sexual inapropiado antes de que estén listos para manejar emocional, intelectual y moralmente dicho conocimiento.

Para una nueva generación de padres jóvenes el camino a seguir no será fácil, en parte debido a la propia naturaleza de la materia. Por eso decimos eso.

El conocimiento sexual no es conocimiento inocente, porque no puede separarse del conocimiento moral necesario para ayudar a regularlo.

Para inculcar en los niños una perspectiva que guíe la virtud de la sexualidad, la impartición del conocimiento sexual requiere que exista un fundamento moral que sea igual o mayor que el conocimiento que se presenta. Es por eso que cualquier estrategia para ayudar a los niños a desarrollar actitudes saludables y protectoras relacionadas con sus futuros poderes generativos requiere que se transfieran los conocimientos sexuales:

1. Gradualmente,

2. Secuencialmente (línea por línea, precepto por precepto),

3. Sujeto a la edad moral, emocional e intelectual del niño específico y la capacidad de entender.

Si estos tres criterios faltan en el proceso educativo, entonces los niños se ven obligados a un *mundo adulto* de conocimiento sexual mucho antes de que estén emocional, intelectual y moralmente listos para manejar ese conocimiento. Cuando eso sucede, no es la "iluminación sexual" lo que se gana, sino la inocencia infantil lo que se pierde. Es por eso que el énfasis en esta serie tiene tanto que ver con la protección de la infancia de sus hijos, como con la forma de transferir el conocimiento sexual y sensual.

EL FACTOR PADRE

En última instancia, la perspectiva en desarrollo de un niño sobre el amor, el romance y la sexualidad tiene más que ver con las "impresiones sutiles" obtenidas dentro del entorno doméstico durante los primeros diez años de su vida, que con la comunicación de hechos reproductivos reales. Esta es una de las razones por las que esta área específica de capacitación no puede ser satisfecha por un libro, ni la responsabilidad por ello entregada a la escuela o transferida al líder del grupo de jóvenes de su hijo. Los padres están en la mejor posición para crear el ambiente en el hogar propicio para satisfacer los tres criterios de aprendizaje que acabamos de señalar.

El desafío para los padres es encontrar el equilibrio adecuado entre *proteger* la inocencia de su hijo y *preparar* al niño con conocimientos sexuales apropiados para su edad. ¿Cómo satisfacer a ambos sin comprometer la integridad de ninguno de los dos? ¿Cómo alimentar con cucharas el conocimiento generativo de sus hijos sin robarles su inocencia? Se trata de un reto enorme, pero hay un camino a seguir.

Protección y Preparación

Proteger la inocencia sexual de los niños implica tomar medidas para evitar o al menos minimizar la intrusión de cualquier tipo de conocimiento inadecuado que llegue a sus ojos, oídos y corazones, hasta que tengan la edad suficiente para entender, y lo suficientemente sabios como para manejar sus propias estrategias de autoprotección. ¡Ese es el ideal! Sin embargo, hay muchas voces ansiosas dispuestas a proporcionar a los niños información sexual con poca consideración prestada a la preservación de su inocencia infantil. La intrusión es su prioridad, no la protección. ¿Quién protegerá a estos niños si no a sus padres?

También está el lado de la preparación. La preparación identifica el proceso por el cual los padres comunican valores sexuales a sus hijos. El objetivo no es enseñar a los niños cómo tener "sexo seguro" o mantener a los depredadores alejados de su puerta o pantallas. Más bien, el objetivo es inculcar en sus hijos actitudes que se respeten a sí mismos y honren a Dios que reconozcan los límites sexuales y sirvan a un propósito moral que pueda ayudar a salvaguardar las relaciones futuras y protegerlas de ataques depredadores de múltiples niveles.

Armar el rompecabezas

Tienes un rompecabezas de 1000 piezas esparcido en la mesa frente a ti. Ahora debes juntar todas las piezas. Desconcertar este complejo presentan desafíos paradójicos. No se puede ver la belleza del rompecabezas completado sin todas las piezas en su lugar, pero es muy difícil saber dónde encajan las piezas sin ver una imagen del rompecabezas completado. Tener acceso a la imagen completa beneficia en gran medida el proceso de montaje.

El mismo principio se aplica a la crianza de los hijos. Cuando se trata de pureza, virtud y conocimiento sexual, ¿cómo debería ser el rompecabezas completo? ¿Qué visión tiene para sus hijos y qué debe comenzar a hacer ahora para hacer realidad esa visión?

Aquí ofrecemos algunas sugerencias prácticas. Primero, comience por escribir su visión. Como pareja, vete por un día o un fin de semana y averigua cómo debería ser el rompecabezas de pureza completado. Sin esa imagen que lo guíe, el viaje a menudo se complica por numerosos senderos de conejos y desvíos innecesarios.

Después de establecer cómo debería ser el objetivo final, piense en los pasos necesarios para ayudar a mover a sus hijos de donde están actualmente a donde tendrán que estar dentro de diez o quince años. En este momento usted puede tener un niño de cuatro y dos años para cuidar. ¿Qué planes tienes para su futuro moral? Este es un buen momento para crear una variedad de objetivos de carácter a corto plazo que se pueden medir anualmente, y si es necesario, ajustarse para adaptarse a las necesidades únicas de sus hijos. Este es también el momento de pensar a través del lado de la protección y la preparación del conocimiento sexual y sensual. ¿Qué nueva información (si la hay) debe agregarse a la comprensión de su hijo? ¿Qué precauciones o nuevos límites se deben establecer, dados los cambios que vienen con la edad: nueva escuela, nuevo grado, nuevos amigos?

Cuando los padres tienen una visión clara de su familia, y tienen un plan para lograr sus metas a corto y largo plazo, entonces el éxito es más probable que ocurra.

EL PRINCIPIO DE CAUSALIDAD

Todos los días, en una variedad de formas, todos caemos bajo la ley recurrente de la "Causalidad". En su forma más simple, significa que cada "efecto" tiene hasta cierto punto una "causa". El resultado "B" existe porque la acción "A" lo causó, y los beneficios o maldiciones asociados con el resultado B pueden estar vinculados a la calidad medible de A. Por ejemplo: Estudiaste diligentemente horas para tu examen de historia y puntuaste un 98%, o fue laxo en tu tiempo de estudio y puntuaste un 68%. Ambos resultados de las pruebas ("B") fueron el resultado de la calidad y la cantidad de tiempo que usted puso en preparación ("A").

El aspecto de la protección de la educación sexual también está sujeto al principio de causalidad. Hay cosas que los padres hacen, o dejan de hacer, que pueden tener una influencia predecible en los resultados. Podemos recuperar un ejemplo de nuestra serie *Parenting From the Tree of Life*, en la quehablamos del legado positivo del toque de un padre. Específicamente, discutimos cómo el suave abrazo de papá, "la causa" producirá previsiblemente un maravilloso "efecto" en la conformación de la identidad de género de un niño, el sentido de seguridad y la confianza en el amor de papá.

Sin embargo, la ausencia del tierno abrazo de un padre también puede ser una "causa". Tal ausencia a menudo desencadena emociones vulnerables que se pueden aprovechar fácilmente. Una hija de 15 años que busca la atención física de un compañero masculino, porque no la recibió de su padre, no es una estadística infrecuente. En este caso, la ausencia de algo "bueno" (seguridad de los brazos de papá) crea un vacío que es fácilmente llenado por algo o alguien menos deseable.

Cuando se trata del lado de la protección de la educación sexual, los padres no pueden darse el lujo de tener lagunas en su formación, o, volviendo a nuestra metáfora del rompecabezas, no pueden ignorar las piezas aleatorias del rompecabezas y aún así esperar lograr algo que refleje la imagen de portada perfecta. ¿Cuáles son algunos de esos "pasos de protección" en el camino que ayudarán a mantener el corazón y la mente de un niño seguros y preparados? Hay varios, pero la precaución protectora más influyente fluye de un "ambiente hogar que da vida". Aquí es donde los niños aprenden a familiarizarse con el "mensaje de vida" y, a su vez, a protegerse de él.

1. *Crear un ambiente hogar que dé vida*

Las familias de hoy están rodeadas de una cultura de condenación, juicio y muerte. Es un clima moral en el que el vicio se celebra por encima de la virtud y el engaño por encima de la honestidad, y el interés propio reina sobre las necesidades de los demás. Los niños de hoy en día están creciendo en este tipo de mundo y esa condición plantea la pregunta:

¿Cómo pueden una madre y un padre crear un ambiente hogar que dé vida mientras viven en una cultura que está saturada de pensamientos de muerte?

Un ambiente hogar que da vida es un estilo de vida. Es cultivado por padres que promueven el carácter vital de Dios, mientras que evitan activamente el lenguaje, las actitudes y los comportamientos que asaltan o desmerecen Su carácter. Uno podría leer esta definición y llegar a la conclusión de que es una tarea fácilmente alcanzable. Sólo tienes que decir las palabras correctas, y lo hiciste!

Nos gustaría que fuera así de fácil, pero no lo es. Crear y mantener un ambiente hogareña que dé vida no es algo que uno agregue a su rutina diaria de crianza, como agregar condimentos a una receta. Más bien, se cultiva a partir de pensamientos que guían una gama de opciones. En lo que se refiere a esta conversación específica, el "mensaje de vida" también incorpora propiedades protectoras dentro de los niños. (Más sobre esta verdad más adelante.)

Para el lector ya familiarizado con esta enseñanza específica, por favor siéntase libre de saltar hacia adelante al punto dos (Establecer límites de pantalla y tiempo apropiados). Sin embargo, si esta es su primera introducción al "Mensaje de vida", por favor siga leyendo.

La forma de vida

Para aquellos comprometidos con un ideal centrado en Dios, ninguna verdad tiene mayor valor que la frase declarativa, "En el principio, Dios creó" (Génesis 1:1a). La vida existe porque Dios existe, porque Él es la fuente de toda vida (c.f. Juan 1:1-4).

Sin embargo, mientras que la vida está en todas partes, también lo está la influencia de la muerte. Aquí, no estamos hablando de la muerte física que viene al final de la vida, sino más bien de la influencia predominante que fluye de una cultura de la muerte que impregna el sistema de pensamiento del mundo. Los sonidos y las imágenes de la muerte están a nuestro alrededor Saturan las ondas– las leemos en los medios de comunicación, las escuchamos en nuestras escuelas y en todo el vecindario, y a veces incluso se instalan en nuestras iglesias. Esta tensión de "vida contra muerte" ha existido desde el principio de los tiempos y continuará hasta el final de los tiempos. La buena noticia es que los padres pueden proteger a sus hijos, si ellos mismos se familiarizan con la virtud que da vida.

Expresiones de vida y muerte

Los mensajes de vida y muerte se expresan correspondientemente a través de la virtud y el vicio. El carácter de Dios refleja la virtud total, y la virtud lleva el ADN de la Vida— la vida de Dios. Las palabras virtuosas comunican valor y potencial; promueven la belleza y la vida, porque se conectan de nuevo a la fuente de la vida. Cuando acentuamos la virtud en el pensamiento, la hecho y el habla, estamos propagando el mensaje de vida.

No hay vicio en Dios; y los verdaderos seguidores de Cristo no están bajo ninguna condenación (c.f. Romanos 8:1). Las palabras de vicio y los pensamientos auto-condenantes fluyen de la cultura de la muerte. Son palabras y patrones de pensamiento comunes que hablan del fracaso, la corrupción, el juicio falso y la derrota. Son palabras acusatorias y hablan de una persona tal como es, y no de lo que puede ser.

Cuando los padres extraen sus vidas de pensamiento y vocabulario de la cultura de la muerte, están reforzando en la mente del niño la validez de los iconos de la muerte. Así que en lugar de señalar a los niños en la dirección de la vida, donde los niños están bajo el paraguas de la protección de Dios, los padres sin querer encadenan a sus hijos a la cultura de la muerte.

¿Con qué frecuencia nosotros, como padres, decimos a nuestros hijos en tiempos de corrección: "Eres tan *malo* con tu hermana". "Deja de ser tan *celoso"* "Eso fue una cosa *tonta* que hacer." "N *le mientas* a mamá". Esas palabras y conceptos correctivos fluyen de la cultura de la muerte. En contraste, la corrección que da vida refleja los sonidos de la virtud. "Necesitas mostrar más *amabilidad con* tu hermana". You can learn *"contentment."* Eso fue *"imprudente".* Dile a mamá la *"verdad".* Nótese la diferencia. Las palabras de muerte dejan a los niños justo donde los encuentras, pero las palabras de vida apuntan a los niños a donde quieres que vayan, y lo que quieres que logren. La virtud es con lo que quieres que tus hijos se familiaricen y ellos lo harán si tú, como padre, acentúas la virtud que da vida en el habla, el tono y la acción.

Tenga cuidado. Cuanto más se escucha el mensaje de la muerte, más se valida; cuanto más se valida, mayores son sus influencias en la vida mental de un niño. El niño que está familiarizado con el lenguaje de la muerte es más susceptible a las influencias fuera de su vida doméstica. Como resultado, el niño comienza a identificarse con los símbolos que reflejan la cultura de la muerte. La cultura de la muerte se convierte en la influencia dominante. La vida mental, las acciones y las respuestas de un niño son influenciadas por las fuerzas persuasivas que se encuentran dentro de la cultura de la muerte.

Esto nos lleva de vuelta a la verdad fundamental de que el conocimiento sexual no es conocimiento inocente, y cuando se comparte inapropiadamente con los niños, les roba su inocencia infantil. Aquellos que tienen la mayor influencia sobre sus hijos decidirán en última instancia el tipo de mensajes sexuales con los que comenzarán a identificarse. Los padres tienen la ventaja, cuando trabajan desde un entorno hogar que da vida. Pierden esa ventaja si el mensaje de vida está comprometido o ausente.

Esto lo sabemos y lo afirmaremos con certeza: El conocimiento sexual que fluye de la cultura de la muerte no es amigo de los niños ni de la sociedad. No dejes que se convierta en la influencia dominante en tu familia.

2.   Establezca límites de tiempo de pantalla apropiados

¡Se estima que los jóvenes de hoy serán testigos de más de 200,000 actos violentos en la televisión / videojuegos antes de los dieciocho años! Acompañando a esa estadística hay más de 3.000 estudios relevantes que apuntan a una conclusión común: los niños se ven afectados negativamente por la exposición a la violencia de los medios de comunicación y el contenido sexualmente explícito. La agresión, el comportamiento abusivo y el discurso de menosprecio hacia hermanos y amigos son las ofensivas más comunes. Según la Kaiser Family Foundation, el 70% de los 20 programas más vistos por los adolescentes incluyen algún tipo de contenido sexual, y el 45% incluyen un comportamiento sexual explícito.

Una cosa es que un niño observe accidentalmente algo que no debería. Sin embargo, cuando el contenido sexual de los adultos es sancionado por el silencio o la inacción de los padres, entonces, los padres están estableciendo inadvertidamente los límites para la vida mental de sus hijos. Las advertencias al respecto son consistentes, y los estudios son igual de claros. Los niños tienden a desarrollar un apetito por ver contenido similar y adoptarán los valores que refleja el contenido. Establezca límites de tiempo de pantalla y de visualización saludables y asegúrese de que se respeten esos límites.

3. *Proporcionar una puerta de escape*

Cada niño tiene un punto de inflexión, cuando las imágenes de pantalla sugerentes (incluso si sólo los anuncios pop-up), puede desencadenar dentro del cuerpo de un niño una excitación sexual autonómica, sin la aprobación consciente del cerebro del niño. Una vez que se activa la excitación, los sensores de placer del cerebro llaman al niño a responder, vinculando así la exposición al contenido sexual con comportamientos adoptivos.

Entendiendo ese hecho, los padres se ven obligados a una de tres opciones: (1) No hacer nada y esperar lo mejor. (2) Cortar todas las opciones de televisión y pantalla para sus hijos, o (3) Elaborar un plan de contingencia que permita a los niños ver programas, pero proporciona una puerta de escape, cuando un anuncio o programa de televisión contiene contenido sexual. Esta última es nuestra opción recomendada de elección.

A menos que sea la red de dibujos animados (que viene con su propio conjunto de desafíos), la mayoría de los programas de televisión son una fuente impredecible de intrusión sexual. Incluso cuando estás viendo algo benigno, puedes quedar ciego por un comercial que promociona la próxima película provocativa, o algo relacionado con la salud sexual de un hombre o una mujer.

Al ver programas de televisión con sus hijos, sería aconsejable tener un canal de respaldo para niños designado para ir, donde el contenido comercial es seguro. Durante esos momentos, cuando ni mamá ni papá están presentes, un hermano mayor puede recibir la tarea de administrar el canal de respaldo. Esto le da a sus hijos una puerta de escape de un momento que de otra manera sería desafiante, momentos que pueden dejar demasiadas impresiones morales no deseadas.

Si los niños están viendo algo fuera de casa, y el control remoto no está bajo su cuidado, enséñele a sus hijos desde una edad muy temprana a mirar hacia otro lado de la pantalla desde cualquier escena, comercial o programa que comience a mostrar violencia o tenga un toque de contenido sexual.

En la casa joven, el Salmo 101:3 sirve para guiar la visualización de la televisión. La Versión King James (KJV) afirma: "No voy a poner ninguna cosa malvada ante mis ojos." La Nueva Versión Internacional (NIV) dice: "No miraré con aprobación nada que sea vil". Este versículo ha demostrado ser una estrategia de protección efectiva que impide que un gran número de mensajes intrusivos se conviertan en parte de la vida mental de sus hijos. Igualmente importante es el mensaje tácito. Estas estrategias de protección tienen una forma de reforzar pasivamente los valores de mamá y papá y la identidad familiar colectiva que rige esos valores.

4.   Espere hasta que estén listos: tabletas, teléfonos e Internet

Cuando se trata de la fase digital de la crianza de los hijos, la pregunta inicial tiene que ver con la preparación. "¿Está mi hijo listo para manejar la responsabilidad que conlleva una tableta, un teléfono y el acceso inmediato a Internet y un mundo de conocimiento ilimitado y sin filtros?"

Aquí, los padres tendrán que luchar contra dos conjuntos diferentes de desafíos. El primero trata de las fortalezas y debilidades del carácter del niño. El segundo son los retos que vienen de fuera de la familia. Consideremos el primer y más importante desafío: resolver lo que sus hijos pueden manejar.

No es mucho después de que un niño tiene acceso a Internet por medio de un teléfono, tableta o computadora, que mamá y papá descubren de repente lagunas en su crianza. Lo que los padres pueden haber pensado que eran problemas menores de autocontrol la semana pasada ahora aparecen como carteles gigantes al borde de la carretera gritándoles.

Aquí hay un hecho con el que los padres pueden contar. Cualesquiera que sean las fortalezas y debilidades del carácter moral que posea un niño antes de que se concedan las libertades en Internet, se magnificarán después de que se den esas libertades. El preadolescente que carece de autocontrol para seguir con una tarea hasta su finalización (trabajo escolar, tareas) llevará ese déficit de autocontrol al mundo digital. El niño que lucha con la gestión del tiempo antes de descargar una aplicación de redes sociales, no se convertirá después de repente en un buen administrador del tiempo. El niño de doce años que tiende a gravitar hacia el tipo equivocado de amigos llevará esa debilidad a sus relaciones digitales. Si su preadolez tiende a ser furtivo alrededor de la casa, pronto estará escabulléndose por Internet. El niño impulsivo que toma decisiones imprudentes llevará esa vulnerabilidad a cada sala de chat, cada conversación y a cada plataforma de redes sociales a la que pertenece.

El mundo digital de su hijo requiere un nivel manejable de autocontrol, civilidad, modales, sensibilidad moral, amabilidad y carácter que da vida para luchar con éxito contra la presión de los compañeros para ajustarse a algo menos que los valores y expectativas de mamá y papá.

5.   *Abordar el desafío de los depredadores cibernéticos*

Dado el hecho de que la mayoría de las familias tienen acceso a Internet en casa, y muchas más tienen acceso ilimitado y sin filtro a Internet a través de escuelas y bibliotecas, los depredadores cibernéticos saben cómo perseguir a sus hijos con todo tipo de solicitudes. Los depredadores cibernéticos (o web) son anónimos, y al igual que la esposa de Potifar (Gn 39:7-17), persiguen implacablemente a sus objetivos con tentaciones diarias. Si no directamente, lo hacen indirectamente a través de anuncios secundarios.

¿Quién no ha buscado en Internet un artículo, algo tan moralmente neutral como una tostadora, y días después, descubre anuncios de tostadora que aparecen junto a tu feed de noticias? Alguien sabía que estabas buscando una tostadora y comenzó a apuntarte específicamente. Lo mismo está sucediendo con nuestros hijos. Cuando van a explorar en Internet, dejan un rastro de «migajas de galletas» que conducen de vuelta a sus propias pantallas de inicio.

Si solo tiene un niño pequeño en el hogar, los desafíos de Internet aún están a unos años de distancia. Sin embargo, si tiene niños entre ocho y 12 años, le recomendamos que se familiarice con nuestro plan de estudios *de La vida en los años intermedios,* donde ampliamos en detalle las diversas medidas de seguridad para la crianza de los hijos en la era digital. Encontrarás más información sobre la serie en www.GrowingFamilies.Life

6.   *Recuerda: "La mala compañía corrompe la buena moral"*

Si nos asociamos constantemente con personas que están enojadas, malhumoradas y desalentadoras, eventualmente llegaremos a ser como ellos. Es difícil tener el control de nuestras emociones y contener los impulsos díscolo, cuando pasamos tiempo con personas que se preocupan poco por tales cosas. Primero Corintios 15:33 (NAS) señala esta verdad: "No os engañéis: La mala compañía corrompe la buena moral".

Aparte de mamá y papá, nada puede afectar, inspirar e impactar a los niños más que su grupo de amigos. La naturaleza de un niño es propensa a la imitación, y cuanto más a menudo ven una acción o actitud (positiva o negativa), más se inclinan a repetir la misma. Los amigos que vienen de hogares que no comparten los valores de mamá y papá, especialmente cuando se trata de conversaciones sexuales, crearán desafíos no deseados que a veces no se pueden deshacer.

Si bien no puede aislar a sus hijos del mundo, puede aislarlos al proporcionar relaciones entre pares que provienen de hogares de ideas afines que comparten sus valores. Pertenecer a una comunidad de ideas afines agrega un valor protector al mundo de sus hijos al crear una presión positiva entre pares y una "socialización" saludable. Proverbios 13:20 (NAS) nos recuerda que: "El que camina con reyes magos se hace sabio, pero el compañero de los necios sufrirá daño." ¡Monitoree las influencias de sus hijos!

ENSEÑANZA DE LA METODOLOGÍA

Los padres también pueden proteger a sus hijos mediante el empleo de una metodología de enseñanza que apoya el resultado saludable que están buscando. ¿Cómo se debe comunicar el conocimiento sexual a los niños? El cómo habla del enfoque educativo que mejor complementará el tema. En otras palabras, el tema debe ser una consideración prioritaria a la hora de decidir qué metodología de enseñanza utilizar. Hay dos métodos para transferir ese conocimiento a los niños: el *Método Directo* y el *Método Indirecto*.

La materia que es estática (desconectada de las emociones humanas) se enseña mejor usando el método directo. Aprender hechos matemáticos es un ejemplo de esto (2 + 2 = 4; 4 + 4 = 8). El profesor presenta los hechos y el alumno aprende los hechos presentados. Sin embargo, cuando el tema tiene implicaciones personales, emocionales o morales, entonces el método "indirecto" es a menudo el método de enseñanza preferido.

El conocimiento sexual entra en esta categoría, porque el tema crea una respuesta visceral. El conocimiento sexual estimula respuestas fisiológicas y neurológicas complejas o pone tales respuestas en alerta máxima. De cualquier manera, hay un cambio en la química del cerebro como resultado. Por esa razón, el método indirecto de comunicación del conocimiento sexual es el mejor enfoque educativo para los niños. Exploremos ambos métodos.

El método directo de la educación

La mayoría de los programas escolares de educación sexual emplean el método directo de educación. Los autores de estos planes de estudio ven el conocimiento sexual como una categoría de hechos estáticos, como la historia, las matemáticas y la ciencia. La información presentada es desde un punto de vista biológico y mecánico estricto, y la mayoría de las veces disociada de cualquier contexto moral o virtuoso. Este único punto pone de relieve un aspecto preocupante del debate.

Esta enseñanza del sector público comienza con la suposición de que los niños son jóvenes "animales sexuales" inclinados a participar en la exploración y experimentación sexual. Por lo tanto, necesitan conocimientos reproductivos que permitan tener relaciones sexuales seguras, al tiempo que previenen el embarazo. Además, dado que el tema a menudo se presenta como salud biológica, cualquiera puede reemplazar a mamá y papá como la principal fuente de información. Esto habla del segundo aspecto preocupante.

Los estudios relacionados con el conocimiento sensual demuestran que cuando los padres son la fuente del conocimiento sensual, los valores parentales tienen una mayor influencia en los niños que los amigos o los maestros. Sin embargo, si el conocimiento sensual se comunica principalmente a través de amigos o un maestro, entonces su influencia se vuelve más dominante y persuasiva que la de los padres. En este caso, la escuela está definiendo la moralidad, en lugar de mamá y papá. Hay otras dos preocupaciones a considerar:

Primero:Introducir el conocimiento sexual a los niños que no están emocionalmente listos para manejar dicho conocimiento comprometerá la inocencia de la infancia. Una vez comprometida, la pureza y la naturaleza protectora asociadas con la inocencia infantil nunca pueden ser restauradas.

Segundo: Los mensajes sexuales recibidos por medio del enfoque directo, incluso cuando se comunican en las mejores condiciones, tienen más probabilidades de fomentar la experimentación sexual más temprana que de desalentarla.

En la investigación de la función cerebral, los científicos descubrieron que el conocimiento sexual y sensual específico adquirido por los niños a través del "método directo de educación", ya sea de la escuela o de los padres, se almacena en la sección de excitación de sus cerebros y es vulnerable a los desencadenantes externos. Las imágenes que parpadean en la pantalla de un televisor o computadora, o en la cartelera de la carretera despiertan curiosidad. Como resultado, la búsqueda y la experimentación se convierten en los impulsos dominantes, porque los circuitos de recompensa del cerebro buscan ser satisfechos.

El punto es que todas sus buenas intenciones, palabras guardadas y advertencias de pureza de Proverbios se pueden deshacer minutos después de que su hijo se baja del porche delantero, porque el conocimiento sexual y sensual colocado en la mente de un niño es un conocimiento vulnerable, especialmente dada la cultura perversa actual.

Sin embargo, lo contrario también es cierto. La ausencia de conocimiento sexual específico significa que la imaginación moral de un niño pequeño no puede ser desafiada injustamente y forzada a traer imágenes sexuales o crear pensamientos inapropiados. Todo esto es parte de mantener la inocencia de la infancia, ¡inocente! (Abordamos la teología de la imaginación moral en el Apéndice B.)

El método indirecto de la educación

¿Qué hace que el enfoque indirecto sea la mejor opción para comunicar el conocimiento sexual a los niños? Aquí hay algunas consideraciones. En primer lugar, el «método indirecto» facilita mejor todas las capacidades y propensiones humanas de la infancia. Con esto queremos decir que los niños absorben sólo lo que pueden entender, nada más.

En segundo lugar, el "método indirecto" permite a los padres enseñar todo lo que un niño necesita saber sin darle demasiada o muy poca información. El conocimiento que se transfiere al niño siempre es apropiado para su edad: las protecciones están integradas en el método. En tercer lugar, el conocimiento extraído del método indirecto proviene de un objeto o ejemplo moralmente neutro, en lugar de hechos mecánicos específicos relacionados con la reproducción sexual.

En resumen, así es como funciona. Los padres comienzan creando un "archivo de hechos" moralmente neutral en la mente del niño que se almacenará en la sección de no excitación de la memoria del niño. El tipo de conocimiento almacenado es siempre moralmente neutral. Eso significa que no robará a los niños de su inocencia, sin embargo, proporciona todo lo que necesitan saber de acuerdo con su edad de desarrollo. ¿Qué va a entrar exactamente en estos archivos de hechos? ¿Cuáles son los objetos y ejemplos moralmente neutrales? Antes de llegar a esas respuestas, queda trabajo preparatorio por hacer. Los capítulos dos y tres consideran las influencias adicionales a emplear, antes de que se pueda aplicar el método indirecto.

Sección Segunda

El lado de la preparación
de la educación sexual
(Capítulo 2)

Mis notas

Lecciones para llevar

El lado de la preparación de la educación sexual

Puntos de resumen para la visita dos

☐ 1. Todos los días, de varias maneras, los padres comunican mensajes y valores sexuales a sus hijos e hijas.

☐ 2. El nivel de modestia de los padres mostrado y lo que es aceptable ver la televisión proporcionará en última instancia a su hijo un marco de referencia para lo que es aceptable, normal y esperado.

☐ 3. Génesis 3:21 nos dice que Dios hizo ropas para Adán y Eva de la piel de los animales. Al vestir al hombre y a la mujer, Dios impartió un signo visible de una sensibilidad despierta a su propia desnudez y el sentido de vergüenza que lo acompañaba.

☐ 4. Cuando tomamos en consideración el relato del Génesis, creemos que sólo hay tres ocasiones en las que la desnudez entre los sexos es aceptable.

    ☐ a. Entre un marido y una mujer dentro de los límites del matrimonio

    ☐ b. In el contexto de los servicios médicos

    ☐ c. Entre un padre y un hijo. Sin embargo, esta es una forma.

☐ 5. Inculcar un sano sentido de modestia en el pensamiento de sus hijos les proporciona un activo moral necesario. Es el mensaje de modestia el que proporciona la base sobre la que se unirá el mensaje de pureza futura.

☐ 6. Apunte a sus hijos hacia lo que usted quiere que hagan o acepten, en lugar de lo que no deben hacer.

☐ 7. As padres, tienes lugares privados que deben ser respetados.

☐ 8. Entre las edades de cuatro y seis años, (antes para las niñas, más tarde para los niños), comienza a surgir un deseo natural de privacidad e incluso modestia. Esto es saludable y debe fomentarse.

☐ 9. Cuando un niño llega a casa con una palabra o concepto que es inapropiado o moralmente ofensivo, los padres deben responder, pero su respuesta debe depender de la palabra o frase utilizada, la edad del niño y el contexto en el que se utiliza la palabra.

☐ 10. A excepción de algunas traducciones modernas, el lenguaje bíblico original se refiere a varias partes y funciones de la anatomía humana por sus nombres exactos, excepto aquellas partes del cuerpo que están asociadas con la actividad sexual. La región genital y el acto del matrimonio en sí es la única parte del cuerpo humano y la actividad a la que Dios se refiere en general, lenguaje poético y metafórico.

☐ 11. Los niños aprenderán la terminología médica adecuada a medida que crezcan y sean capaces de procesar dicha terminología para adultos. Pero por ahora, creemos que el uso de terminología inocente y no descripta es más apropiado para los niños.

☐ 12. Hay palabras y términos que están estrechamente asociados con la sexualidad. En esta era avanzada de la neurociencia, los investigadores se han dado cuenta de que las palabras inmediatamente vinculadas o fuertemente conectadas con el comportamiento sensual, pueden desencadenar los mismos circuitos de recompensa en el cerebro que se activan durante las actividades placenteras.

Capítulo 2
El factor padre

❧❦❧

En el Capítulo Uno, ponemos ante el lector la siguiente pregunta: ¿Cómo pueden los padres enseñar a sus hijos una visión de la sexualidad que honra a Dios, cuando desde una edad temprana sus hijos están inundados de información que entra en conflicto directo con las actitudes virtuosas que los padres están tratando de inculcar? La respuesta fue doble: Primero, proteger la inocencia del niño impidiendo (o al menos minimizando) que la intrusión de cualquier tipo de conocimiento sexual/sensual inadecuado o perversión llegue a sus ojos, oídos y corazones. En segundo lugar, preparando el corazón y la mente de un niño para recibir conocimientos sexuales apropiados para su edad. Esto incluye cómo se transfiere ese conocimiento a los niños.

Como ya se ha dicho, somos defensores del Método Indirecto de transferir el conocimiento sexual a los niños, porque creemos que es superior al Método Directo. Sin embargo, los padres juegan un papel importante en el logro de resultados exitosos. Aquí en el capítulo dos dirigimos nuestra atención a algunas de las influencias relacionales que dan valor al lado de la preparación de la ecuación.

Específicamente, hay una serie de experiencias tempranas de la vida en el hogar que tienen un efecto de "filtrado" en los fragmentos aleatorios de conocimiento sexual que los niños recogen en el camino. Por ejemplo, las actitudes de los padres pueden convertirse fácilmente en filtros de procesamiento que los niños adoptan y luego usar para clasificar el conocimiento sexual en las categorías de "bueno y aceptable" o "vergonzoso y ofensivo".

INFLUENCIAS DEL EJEMPLO PARENTAL

Como se señaló anteriormente, los niños desarrollan una percepción sobre su propia sexualidad a partir de los muchos ejemplos obtenidos a lo largo de su infancia. Sin embargo, ninguna influencia es más persuasiva que el mensaje de pureza comunicado por mamá y papá. No nos referimos a lo que los padres ponen verbalmente delante de sus hijos, sino al mensaje de pureza demostrado por lo que los padres hacen de maneras sutiles y no tan sutiles.

Todos los días, de varias maneras, los padres comunican mensajes sexuales y sensuales a sus hijos e hijas. Cada ejemplo tiene un valor moral. Por ejemplo, la forma en que un esposo y una esposa se responden entre sí al final de la jornada laboral lleva un mensaje sutil que los niños notan, evalúan y categorizan. Las acciones momentáneas de mamá y papá se convierten en los filtros que sus hijos usarán para procesar futuros gestos sexuales y sensuales.

Piensa en tu propia situación. Como padres, ¿se saludan con un beso en la puerta? ¿Cuánto tiempo te besas? ¿Te abrazas? ¿Qué tan fuerte? ¿Cuáles son tus expresiones faciales? ¿Cómo se ven los unos a los otros? O, cuando tus propios padres vienen de visita, ¿te abrazas y besas de la misma manera con la misma intensidad frente a la abuela y el abuelo, como lo haces cuando no están presentes?

Sus hijos siempre están observando, procesando y categorizando. Las actitudes y muestras de afecto de mamá y papá en esos momentos tienen un profundo efecto en la percepción de un niño de lo que es normal y aceptable. Para mamá y papá, es un día más. Para sus hijos, ¡es tiempo de escuela! Están observando, almacenando hechos y desarrollando un perfil de valores sexuales aprobados y no aprobados. Como un mega rompecabezas de imágenes, cada pequeña pieza se suma a las sutiles impresiones obtenidas a lo largo de la infancia.

LA INFLUENCIA DE LAS PALABRAS PARENTALES

Las impresiones profundas también se obtienen como resultado de palabras fuera de lugar y comentarios fuera de lugar. De hecho, estudio tras estudio demuestra el poder de las palabras parentales y la influencia que esas palabras pueden tener en la vida mental y la percepción de un niño del bien, el mal, aceptable e inaceptable. Por ejemplo, una hija que ve un comercial de fitness escucha a mamá decir: "¡Guau, mira esos abdominales! ¡Ese tipo puede ser mi entrenador cualquier día!" O, tal vez es papá quien con entusiasmo proporciona un comentario sobre la animadora de aspecto atractivo y sensual que el camarógrafo sigue volviendo después de la pausa comercial.

En la mente del niño, tales comentarios indiscriminados expanden los límites del pensamiento permisible. La hija comienza a pensar: "No sabía que una mujer casada puede pensar en otro hombre con ese tipo de deseo". El hijo puede tener pensamientos similares. En ambos casos, lo que los niños escucharon amplía los parámetros de qué tipos de mensajes sexuales se consideran normales y aceptables.

Por favor, entienda, los padres establecen el estado de ánimo sexual "impronta" dentro del entorno del hogar. La naturaleza repetitiva y la consistencia de esos mensajes del estado de ánimo (correctos o incorrectos) se traducen en comportamientos adoptivos. Los niños absorben constantemente los muchos mensajes sensoriales tácitos y hablados que se muestran, y los traducen en valores rectores. Esta es la razón por la que el modelado de roles parentales es tan influyente. También es por eso que el modelado debe ser intencional, guiado por el cuidado que los padres toman con sus palabras. Una vez más, lo que los niños ven y escuchan en casa se traducirá en actitudes que adopten.

INFLUENCIA DEL EJEMPLO PARENTAL

Una de las influencias más persuasivas en las mentes jóvenes e impresionables es el límite que mamá y papá ponen en su propia modestia personal. La Biblia claramente alienta un nivel de amor propio. Primero Tesalonicenses 4:4 aborda esto: "Que cada uno de ustedes sepa cómo poseer su propio vaso [cuerpo] en santificación y honor". Al igual que otras influencias, el nivel de modestia parental mostrado o no mostrado lleva un mensaje que da forma a las actitudes y proporciona a los niños un indicador para medir el valor del conocimiento sexual que adquirieron aparte de la influencia de mamá y papá.

Las emociones sexuales se remontan a los primeros capítulos del Libro del Génesis. Será útil entender el contraste en las emociones experimentadas por Adán y Eva antes y después de que tomaran su terrible decisión. Igualmente significativa es la forma en que Dios respondió a la repentina conciencia de Adán y Eva de que algo había cambiado con respecto a su condición física y moral. Haremos nuestras observaciones formulando y respondiendo a una serie de preguntas concretas.

1. *¿Cuál era el estado mental de Adán y Eva con respecto a sus cuerpos antes de comer la fruta prohibida?*

Según Génesis 2:25 (RV), Adán y Eva carecían de cualquier tipo de vestuario: "Y ambos estaban desnudos, el hombre y su esposa, y no se avergonzaron".

Hay dos declaraciones morales contenidas en este versículo. Primero, el hombre y la mujer estaban desnudos, y en ese estado, ninguno de los dos experimentó ninguna "vergüenza". El significado implícito de la palabra "desnudo" tiene que ver con la exposición de la región genital. La palabra "vergüenza" se refiere a la emoción moral asociada con una conducta incorrecta o inapropiada.

2. *¿Cuándo se reveló por primera vez la emoción de la vergüenza en la humanidad?*

Génesis 3:7 (NAS) dice: "Entonces se abrieron los ojos de ambos, y supieron que estaban desnudos; y cosieron hojas de higuera y se hicieron cubiertas de lomos".

Consumir el fruto prohibido tuvo un efecto inmediato en la conciencia de Adán y Eva. Inmediatamente tomaron medidas para cubrir sus lomos con hojas de higuera. En lugar de vivir en un estado de desvergonzado, comenzaron a experimentar el significado completo de la vergüenza. Hoy en día, la vergüenza se identifica como una de las tres emociones morales junto con la "culpa" y la "empatía". Hay, por supuesto, muchas otras emociones; pero la mayoría no están ligados a la moralidad y el pecado sexual, al igual que la vergüenza y la culpa.

3. *¿Cómo respondió Dios a su desnudez?*

La respuesta de Dios a Adán y Eva fue muy específica. Génesis 3:21 deja en claro que en lugar de dejarlos en su desnudez, Él fue quien formó prendas para que Adán y Eva las usaran. Al vestir al hombre y a la mujer, Dios impartió un signo visible de una sensibilidad despierta a su propia desnudez y el sentido de vergüenza que lo acompañaba.

4. *¿Cuáles son las implicaciones actuales extraídas del relato temprano del Génesis?*

La vergüenza no existía antes de que Adán y Eva mordieran el engaño de la Serpiente, pero vino como resultado de ello. La vergüenza es una emoción residente y no algo que el tiempo pueda eliminar, como un mal gen. Es un componente de nuestra humanidad y debe ser respetado por lo que es: un recordatorio.

En un sentido teológico, hay vergüenza posicional, vergüenza moral y vergüenza sexual. La vergüenza posicional habla de nuestras condiciones espirituales ante Dios de las que sólo la redención puede liberarnos. Fue en el Calvario "donde el pecado del hombre y el dolor de Dios se encuentran". Como resultado, para aquellos que perduran en Cristo, ¡no hay condenación ni vergüenza! El Calvario se encargó de eso.

La vergüenza moral es un componente de nuestra humanidad compartida. La vergüenza hace que las personas hagan cosas que de otra manera no estarían moralmente obligadas a hacer, o eviten ciertos comportamientos socialmente incorrectos. Ambos se hacen con el fin de evitar juicios desfavorables o por el miedo a ser devaluados por otros. (Esta es la razón por la que la vergüenza se considera la última barrera social antes de la anarquía).

El tercer tipo de vergüenza es la vergüenza sexual. Esto se asocia con la exposición inadecuada de los genitales o las funciones genitales. No siempre está vinculado a un acto sexual, sino que también se refiere a un deseo de privacidad para las funciones corporales. Es por eso que la mayoría de los ciudadanos del mundo prefieren la privacidad al ir al baño. Buscamos evitar la vergüenza asociada con los sentimientos de humillación que vienen como consecuencia de la exposición pública.

En el contexto de esta lección, la vergüenza sexual está ligada a la privacidad y no se convierte en un problema, a menos que el valor de la "privacidad" se minimice o no se considere importante. En otras palabras, la privacidad adecuada ayuda a protegerse contra la vergüenza sexual. El desafío para los padres es saber dónde trazar la línea cuando se trata de la exposición de sus cuerpos a sus hijos. ¿Qué nivel de desnudez, si lo hay, es apropiado en el hogar?

Volviendo al relato del Génesis, creemos que hay tres ocasiones en las que la desnudez entre los sexos puede ser sancionada. La primera es entre un marido y una mujer dentro de los límites del matrimonio. La desnudez en el matrimonio estuvo presente desde el principio. Sin embargo, la desnudez o desnudez parcial fuera de la relación matrimonial se vuelve problemática.

La segunda ocasión es en el contexto de la recepción de servicios médicos, como el consultorio de un médico. Algunas mujeres se sienten más cómodas yendo a una doctora; algunos hombres se sienten más cómodos con un médico masculino. Para otros, no importa.

La tercera ocasión es entre un padre y un hijo; sin embargo, esta es una manera. Un padre o una madre que ayuda a un niño pequeño a bañarse o vestirse es lo más apropiado, especialmente para cuestiones de salud y seguridad. Como padre, usted es el tutor del cuerpo de su hijo y, lo que es más importante, el guardián de su mente.

Por esa razón, no creemos que los padres promuevan su mensaje de pureza al permitir que un hijo o hija tenga acceso de rutina a la desnudez de mamá o papá, porque socava la influencia educativa que habla más alto: su ejemplo de modestia. Sin embargo, por favor tome nota de nuestros énfasis de calificación. No estamos sugiriendo que los padres pongan su énfasis en un conjunto de prohibiciones, sino que tomen medidas para ayudar a cultivar, dentro de la mente del niño, una actitud saludable y respetuosa sobre la privacidad de sus cuerpos y los de los demás. En otras palabras, sea proactivo y positivo modelando las actitudes que desea inculcar.

Inculcar un sentido saludable de modestia en la vida mental de un niño proporciona el activo moral necesario para sobrevivir en una sociedad saturada de sexo. Este mensaje de modestia proporcionará la base a la que se unirá el mensaje de pureza futura. En términos prácticos, ¿cómo se logra esto? ¿Qué filtros puede y debe poner en marcha ahora que servirán como límites protectores para sus hijos en el futuro? Si la meta a largo plazo es que un adolescente entienda y acepte el mensaje de pureza, ¿qué puede hacer en los primeros años para ayudar a lograr ese noble objetivo? Aquí hay algunos puntos de partida.

EL MENSAJE DE PRIVACIDAD

Cultivar dentro de un niño una comprensión saludable y el respeto por la privacidad es un preludio necesario para que un niño adquiera un sentido saludable de la modestia. Tenga en cuenta lo que no estamos diciendo. No estamos defendiendo que los padres animen a sus hijos al secreto. Eso no sería saludable. La privacidad a la que nos referimos está ligada a la virtud del respeto. En este caso, se trata de crear una actitud de respeto por sus cuerpos, lo que eventualmente fomentará una actitud saludable hacia el sexo opuesto.

Saber cómo se ve la privacidad puede ayudar a un niño a aprender el significado práctico de la modestia. Hay cuatro componentes relevantes a considerar:

1. El lugar de privacidad
2. La práctica de la privacidad
3. Lenguaje inapropiado
4. Terminología de la parte del cuerpo

A medida que trabajamos a través de estos cuatro componentes, piense en cada uno como un bloque de construcción, que, junto con otros, establece el parámetro a partir del cual se manejará un sentido saludable de modestia en el futuro.

El lugar de la privacidad

Dentro del hogar, hay una variedad de lugares "privados" que los niños llegan a apreciar y respetar. Estos incluyen el tiempo de un padre en el baño, tomar una ducha y vestirse.

Si la puerta de su dormitorio está cerrada, enséñele a sus hijos a llamar primero y luego a esperar a que usted dé permiso para entrar. Esta práctica no solo ayuda a fortalecer sus impulsos de autocontrol, sino que también agrega una capa a su sentido de respeto por su privacidad, la de ellos y los demás.

La misma cortesía de la "puerta" debe extenderse a los hermanos. Si sus hermanas mayores o hermanos están en su habitación con la puerta cerrada, se debe enseñar a los hermanos a respetar los límites de los demás llamando y buscando permiso con un: "Por favor, ¿puedo entrar?"

A medida que el niño crece más allá de los años preescolares, los padres deben extender la cortesía llamando a la puerta de su hijo. Cuando mamá y papá extienden esta cortesía, agrega valor a la comprensión del niño de respetar la privacidad de los demás. Sin embargo, hay una advertencia. La privacidad de los niños no les da derecho a cerrar sus puertas con llave. Si ven que eso sucede, entonces el problema no es la privacidad, ¡es el secreto!

La práctica de la privacidad

La práctica de la privacidad aborda aquellos momentos de transición durante el día en los que se requiere la desnudez de un niño, como a la hora del baño. Los padres deben pensar a través del tipo de mensajes que desean comunicar y si sus acciones están alentando o socavando el mensaje de pureza / privacidad.

Por ejemplo, cuando un niño en edad preescolar sale de la bañera, el mensaje de respeto a la privacidad debe sonar algo así como: "Vamos a secarse y vestirnos, antes de salir del baño. Pongámote la túnica, para que estés todo cubierto". Declaraciones tan simples, repetidas una y otra vez, llevan un gran mensaje: "Tu cuerpo es especial, y encubrirlo es una manera de respetarlo". Ya sea el baño o el dormitorio, se aplica el mismo mensaje.

Lenguaje inapropiado

¿Qué deben hacer los padres cuando su hijo trae a casa una palabra inapropiada o cruda o algún concepto vinculado a la sexualidad adulta? Primero, anticipa que va a suceder, y segundo, comienza a pensar ahora en cómo manejar la pregunta, frase o palabra inevitable.

Si hay alguna buena noticia asociada con este desafío en particular, es que los niños a menudo no tienen idea de lo que la palabra o fase realmente significa. Esto se debe a que los niños filtran lo que están escuchando a través de su comprensión personal y limitada del mundo. Por ejemplo, un niño de cinco años llegó a casa desde el jardín de infantes y le dijo a su madre que el orador especial habló con la clase sobre cómo protegerse del SIDA. Sorprendida por su anuncio, ella preguntó: "¿Qué escuchaste?"

El hijo explicó: "El hombre dijo: 'cada vez que vengas a una intersección concurrida, asegúrate de comprar un condominio o una casa adosada para estar seguro'".

En este caso mamá no tuvo que llevar la conversación más allá, ya que su hijo se perdió lo que se enseñaba en la escuela; eso subraya nuestro punto. La "inocencia" es una forma de protección. Sin embargo, cuando un niño llega a casa con una palabra o concepto que es inapropiado o moralmente ofensivo, la respuesta de un padre debe regirse por lo siguiente:

1. la palabra o frase real utilizada

2. la edad del niño

3. el contexto en el que se utiliza la palabra

Si un niño de seis años repite una palabra socialmente ofensiva frente a mamá, papá o un hermano, entonces lo más probable es que el niño no sepa lo que significa o representa la palabra. De lo contrario, el niño no lo estaría repitiendo delante de sus padres. Sin embargo, si tal palabra se desliza de los labios del niño, entonces mamá o papá deben responder diciendo: "Esa no es una palabra (o frase) que da vida, y no debe repetirse". O, "Esa palabra es ofensiva para muchas personas, y no es una palabra que nuestra familia usa".

A menudo, la respuesta más simple que apunta a la vida y las palabras que dan vida es la mejor respuesta!

Terminología de la parte del cuerpo

Los padres no pueden hablar sobre el lado de la educación sexual sin antes prestar la debida consideración a las implicaciones morales y emocionales de dicha conversación. Cuando se trata de terminología de partes del cuerpo, los padres a menudo van a los extremos. Un extremo es inventar nombres lindos para las partes del cuerpo del niño que serían desconocidas para el resto del mundo. Términos como WA-WA, wing-wang y womp-womp están probablemente fuera de la norma de la terminología cultural (o bíblica). El uso de nombres que son más misteriosos que descriptivos, o títulos que nadie más es capaz de descifrar, probablemente no es el mejor enfoque.

El otro extremo es referirse a la región genital de un niño utilizando un lenguaje médico específico. Imaginamos que habrá uno o dos lectores que escucharán esto por primera vez y que se preguntarán ¿qué podría estar equivocado ese enfoque? Confiamos en que podemos aportar algo de claridad a esto tomando nota de lo que la Biblia clara y ruidosamente "no dice".

A excepción de algunas traducciones modernas, el lenguaje original de la Biblia se refiere a varias partes y funciones de la anatomía humana por sus nombres exactos, excepto aquellas partes del cuerpo que están asociadas con la actividad sexual. Por ejemplo, la pierna en las Escrituras se conoce como una pierna, el cuello es el cuello, la lengua es la lengua, y así sucesivamente. Sin embargo, la región genital (y la función correspondiente) es la única parte del cuerpo humano a la que Dios se refiere en general, lenguaje poético y metafórico.

Por ejemplo, el acto de matrimonio anotado en Génesis 4:1 se conoce como "conocimiento". "Adán conoció a Eva y ella concibió". En Génesis 26:8 (RV), el juego de amor romántico se conoce como "Sporting". En Deuteronomio 23:1 (RV) los genitales masculinos se conocen como "Piedras" y "Miembros Privados". En Deuteronomio 25:11 se hace referencia a ellos como "los secretos". El ciclo menstrual de una mujer se conoce como "flores" (Levítico 15:33), o "la costumbre de las mujeres" (Génesis 31:35), y "la fuente" (Levítico 20:18).

Las Escrituras están llenas de referencias metafóricas similares relacionadas sexualmente. De hecho, el lenguaje sexual literal está casi completamente ausente en la Biblia. ¿Por qué Dios, que comúnmente usa el lenguaje literal para todo lo demás, eligió el lenguaje "metafórico" cuando se trata de asuntos sexualmente sensibles? Asumimos que debe haber una buena razón, incluso si es para servir sólo como un ejemplo para nosotros.

Es por eso que cuestionamos la recomendación de que los padres se refieran a las partes del cuerpo privado de un niño (o a las suyas propias) por sus nombres médicos exactos. No todas las partes del cuerpo llevan un mensaje sexual. El brazo no es un objeto de atracción sexual o fantasía. El pie no está conectado con el acto sexual, ni hay nada sexualmente atractivo en un dedo del pie. Sin embargo, cuando se utilizan títulos exactos y descriptivos para describir la región genital, los pensamientos y sensaciones sexuales se ponen en alerta, incluso en los niños. Esta es la razón por la que pedimos a los padres que evalúen los méritos de usar terminología médica exacta con sus hijos pequeños.

Sabemos que las palabras tienen valor y pueden desencadenar emociones. En esta era avanzada de la neurociencia, los investigadores han aprendido que las palabras inmediatamente vinculadas o fuertemente conectadas al comportamiento sensual pueden desencadenar los mismos circuitos de recompensa en el cerebro que se activan durante actividades placenteras, o la fantasía de la actividad placentera.

Este hecho nos lleva de nuevo a nuestra afirmación fundamental de que cualquier conversación vinculada directamente a la conducta sexual puede desencadenar una serie de sentimientos sexuales, sensaciones y emociones que las palabras moralmente neutras no lo harán. Por eso fomentamos el uso de terminología inocente y anodino con los niños más pequeños. El uso de palabras como "hiny", o "bottom" o "pee pee", son terminología no moralmente ofensiva, culturalmente aceptada, y son títulos descriptivos adecuados para la edad de desarrollo y la capacidad moral de un niño.

Las palabras inocentes representan el lenguaje de la infancia. El uso de terminología médica exacta representa el lenguaje de los adultos. En los primeros años, sin embargo, el uso de términos inocentes y generales ayudará a preservar la inocencia del niño, al tiempo que comunica el mensaje exacto que mamá y papá desean transmitir.

El uso de terminología inocente y anodina también evitará que los niños se vuelvan moralmente ofensivos con otros niños y adultos. Ayudar a evitar que un niño sea ofensivo con su lenguaje es tan importante como proteger al niño de ser ofendido. Ambas son cualidades morales importantes para buscar.

ALGUNAS REFLEXIONES FINALES

Desde los días de los niños pequeños, hasta los años preescolares, los niños comienzan a formar su comprensión de los conceptos relacionados con el lo sexual a través de las muchas impresiones sutiles creadas por el ejemplo, las actitudes y los énfasis de los padres. Estas impresiones se convierten en los filtros por los cuales los niños interpretan todo el conocimiento sexual futuro.

Si el objetivo es proteger la inocencia de la infancia de la intrusión y sobrecarga sexual de gran alcance, todo lo contenido en este capítulo, desde la influencia de la pureza parental hasta el vocabulario utilizado para identificar partes del cuerpo, tendrá alguna influencia medible en la formación de actitudes saludables relacionadas con creencias y comportamientos sexuales y sensuales.

Sección Tres

Hacer que el método indirecto
funcione para usted

(Capítulos 3 – 4 y Apéndice B)

Mis notas

Lecciones para llevar

Puntos de resumen para la visita tres

☐ 1. Uno de los preceptos repetidos de esta serie, habla de la naturaleza progresiva en la que la verdad sensualmente relacionada puede y debe ser comunicada a los niños.

☐ 2. A veces, las personas pequeñas tienen grandes preguntas que necesitan respuestas. El desafío para los padres se centra en *qué* información se puede compartir, *qué* tan detallada debe obtener y *cuándo* cruza la línea y da demasiada información.

☐ 3. Algunas pautas prácticas para responder a grandes preguntas:

    ☐ a. Considere la edad del niño.

    ☐ b. Proporcionar respuestas basadas en la necesidad del niño de saber y su capacidad de entender.

    ☐ c. Asegúrese de entender la pregunta que se hace.

☐ 4. El concepto de aprendizaje "indirecto proactivo" es la clave de su éxito, ya que permite a los padres enseñar a sus hijos todo lo que necesitan saber sin darles demasiada o muy poca información.

    ☐ a. "Pro-Activo" implica que los padres inician la transferencia de conocimiento biológico que con el tiempo conducirá a la comprensión sensual.

    ☐ b. "Indirecto" significa que todo aprendizaje viene por medio de tomar el conocimiento adquirido a través de un objeto o ejemplo moralmente neutral, y luego permitir que el niño se transfiera ese conocimiento a sí mismo según sea necesario.

☐ 5. Los padres crean un archivo de hechos moralmente inocente que se almacenará en la memoria de sus hijos. El niño tendrá acceso a esos hechos en cualquier momento que los necesite.

☐ 6. Los hechos compartidos tienen dos características notables:

    ☐ a. no tienen ninguna acción asociada a ellos;

    ☐ b. no estimulan ni ponen en alerta las emociones sexuales.

☐ 7. El ejemplo de reproducción más moralmente neutro y, sin embargo, biológicamente completo, es la flor de la flor. Para los niños pequeños, las preguntas más básicas de la vida se pueden responder mediante el uso de la "analogía de la flor".

☐ 8. Cuando se utiliza la flor, la historia de la vida reproductiva se cuenta sin la ayuda de imágenes sexuales. La flor misma se convierte en el objeto moralmente neutro.

☐ 9. El Método Indirecto se compone de cuatro fases. Cada fase está relacionada con la edad del niño y el nivel de comprensión moral e intelectual. Entre ellos se incluyen:

☐ a. Fase de información: El objetivo de esta fase es simplemente comenzar a crear un archivo de hechos moralmente neutral que tenga algunos hechos biológicos generales, pero sin implicaciones sexuales humanas.

☐ b. Fase curiosa: Sabrás que tu hijo ha avanzado a la fase de curiosidad cuando comienzan a hacer esas preguntas honestas e inocentes, como: "Mamá, ¿cómo se mete el bebé en tu barriga?"

☐ c. Fase de preparación: "Preparación" se refiere a los hechos biológicos reales necesarios para ayudar a guiar a su hijo a través de los cambios corporales que vienen con la pubertad.

☐ d. Fase integral: La fase cuatro llega después de que se resuelven los asuntos de la pubertad, y se ocupa de los mensajes sutiles y no tan sutiles asociados con los poderes generativos de un adolescente. Sin embargo, aquí en la fase cuatro los padres ya no son los iniciadores principales de las conversaciones, como oscaba en las tres primeras fases, sino que asumen un rol de recurso. Ahora te conviertes en un respondedor a sus preguntas.

Capítulo 3
El método indirecto

¿Cómo debe transferirse el conocimiento sexual a los niños? ¿Qué salvaguardias deberían existir? Desafortunadamente, los niños no son simplemente observadores pasivos, sentados esperando a que mamá y papá les alimenten con cuchara muestras de conocimiento biológico y sexual. A veces el conocimiento sexual los encuentra. Escuchan cosas de amigos, maestros y entrenadores. A veces observan accidentalmente un comercial sensual, observan una valla publicitaria al borde de la carretera o ven un tentador anuncio en Internet.

En el último capítulo se hizo hincapié en el importante papel que desempeñan los ejemplos parentales en el proceso de comunicación del conocimiento generativo a los niños. Este capítulo considera dos desafíos comunicativos más: (1) ¿Cómo deben responder los padres a esas preguntas aleatorias de curiosidad que surgen ocasionalmente? y, (2) ¿Cómo introducen los padres el Método Indirecto a sus hijos?

CUANDO LLEGAN LAS PREGUNTAS

En algún momento, sus hijos harán una pregunta de sondeo. ¿Estarás listo? ¿Qué información puede compartir de forma segura? ¿Qué tan detallada debe ser esa información? ¿Dónde está la línea que separa "información suficiente" de "demasiada información"? Por favor, considere estas tres pautas:

1. *Recuerda a quién estás hablando.*

Por muy simple que pueda sonar este principio, los padres a menudo olvidan a quién están hablando. ¿Es un niño curioso de primer grado o un niño de 13 años? Una pregunta generada por un niño de cinco años no tiene el mismo peso de expectativa o urgencia que una pregunta similar hecha por un adolescente. La respuesta de mamá o papá tampoco debe proporcionar el mismo nivel de detalle. Los factores decisivos siempre serán la edad del niño y su madurez moral e intelectual para manejar la información. A las preguntas de un niño de 12 años se unen experiencias, asociaciones, observaciones y un nivel diferente de comprensión, que no están presentes en un niño de cinco años.

Cuando un niño de cinco años le pregunta: "Mami, ¿cómo se metió el bebé en tu barriga?", la respuesta no tiene por qué ser elaborada. "¡Dios ponga a tu hermano pequeño allí!" es bastante suficiente.

Sin embargo, si esa pregunta proviene de un niño de 12 años, los padres ya no tienen el lujo de proporcionar respuestas simples. Mientras que las respuestas gráficas y los detalles biológicos específicos pueden ser demasiado avanzados para esta edad, algunos hechos edad-apropiados adicionales todavía serán necesarios. (En el capítulo cuatro se encontrarán sugerencias sobre cuáles son esos hechos y cuánta información biológica debe compartirse).)

2. *Asegúrese de que la pregunta que "escucha" es la pregunta real que se hace.*

Un niño de siete años llega a casa de la escuela y le pregunta a su madre: "¿De dónde vengo?"

Sin estar preparada para la pregunta, mamá se acurrucaba a través de una explicación de cara roja. Cuando terminó, le preguntó si tenía alguna pregunta. Él dijo: "Solo uno. El nuevo niño en la escuela vino de St Louis, y yo quería saber de dónde venía".

A veces los padres responden a la pregunta equivocada con información detallada que el niño no está buscando. Entender la pregunta comienza con la comprensión del *por qué* detrás de la pregunta, especialmente si proviene de un niño más pequeño. Para ayudar a descubrir el *por qué* detrás de la pregunta de su hijo, haga un poco de sondeo, como: "Esa es una pregunta interesante. ¿Por qué estás preguntando?" O "¿Qué te hizo pensar en esa pregunta?" O "¿Alguien te hizo esa pregunta?" Los padres pueden navegar y responder a cualquier pregunta, si saben cuál es la verdadera pregunta.

3. *No todas las preguntas necesitan una respuesta inmediata.*

Cuando se trata de materia sexual, los padres no tienen ninguna obligación de proporcionar una respuesta a petición. No cada momento es el momento adecuado, ni cada pregunta tiene una respuesta simple. La verdad es que, no importa lo preparado que creas que estás, algunas preguntas necesitan un poco más de tiempo para averiguarlo. Responder con: "Guardemos esa pregunta para mañana" o "Lo explicaré cuando seas mayor", son respuestas muy legítimas.

Retrasar una respuesta también es una forma de medir el nivel real de interés del niño y si la pregunta era solo una idea fugaz y momentánea o una necesidad apremiante. Si fue esto último, tenga la seguridad de que su hijo hará la pregunta de nuevo.

EL MÉTODO INDIRECTO DE EDUCACIÓN SEXUAL

Como se señala en el capítulo uno, no somos fanáticos del enfoque directo de la educación sexual. En la mayoría de los casos, obliga a los niños a renunciar a la inocencia de la infancia para adquirir conocimientos sexuales específicos que no necesitan tan pronto como se les enseña el conocimiento. También observamos que la información tiende a ser muy descriptiva y enseñada con poca consideración a quién está en la audiencia. La información sexual a menudo se presenta en entornos grupales de géneros combinados, y la mayoría de las veces se disocia de cualquier aplicación moral o virtuosa. Este tipo de contexto de enseñanza pone de relieve el núcleo del debate.

Como dijimos en el capítulo uno, los currículos de enseñanza del sector público comienzan con la suposición de que los niños son animales sexuales jóvenes inclinados a participar en la experimentación sexual. Como tal, creen que los niños necesitan conocimientos reproductivos que les permitan tener "relaciones sexuales seguras", mientras previenen el embarazo. Los defensores de este método operan desde la creencia sincera de que "en el mejor interés del niño", el gobierno está obligado a proporcionar esta información, independientemente de la capacidad emocional del niño para manejar el conocimiento.

Afortunadamente, no todos los educadores o padres están de acuerdo con esa suposición o están satisfechos con los resultados. Si bien la atracción sexual es parte de la experiencia humana, no significa que siempre deba conducir a una conclusión sexual, o que los niños pequeños necesiten poseer el conocimiento de un adulto relacionado con cuestiones generativas. El método Proactivo-Indirecto es una alternativa superior.

"Proactivo" significa que los padres inician la transferencia de información biológica, en lugar de esperar hasta que surjan preguntas de curiosidad. "Indirecto" se refiere al método de aprendizaje. Toda la información relacionada viene tomando el conocimiento adquirido a través de un objeto o ejemplo moralmente neutral, y luego permitiendo que el niño se transfiera ese conocimiento a sí mismo según sea necesario.

Todo el proceso preserva la inocencia moral de un niño, mientras que al mismo tiempo, proporciona los hechos necesarios de la vida. Este método permite a los padres enseñar a sus hijos todo lo que necesitan saber sin darles demasiada o muy poca información. Es sensible a la edad, y todo el conocimiento sexual y sensual se puede comunicar sin ningún sentido de vergüenza o conversaciones embarazosas. Aquí hay un resumen de cómo funciona todo.

Configuración del archivo de hechos

Como padre, creará un archivo de "hechos" que contiene el conocimiento reproductivo pertinente. Los hechos específicos tienen dos características notables:

Primero: Son de naturaleza "estática", lo que significa que no tienen ninguna acción sexual asociada a ellos.

Segundo: Los hechos son moralmente neutros. Como tal, no desencadenan emociones sexuales ni fomentan la curiosidad sexual.

Una vez que se establece el archivo de hechos inicial, el niño puede acceder a los hechos en cualquier momento que se necesiten. La comprensión crece a medida que aumenta la necesidad del niño de saber. Es el trabajo de mamá y papá mantener el archivo de hechos actualizado con información relevante para la edad. Del resumen, pasemos al proceso práctico y específico paso a paso de configurar el archivo de hechos.

En tiempos pasados

Hubo un tiempo en que permitimos que nuestra conciencia social colectiva guiara nuestra conducta y nuestro discurso. Valoramos tanto la inocencia de la infancia que las conversaciones públicas y privadas relacionadas con la educación sexual emplearon un lenguaje metafórico para evitar el uso del término "sexo". La madre A le preguntaba a la madre B si "hablaba con sus hijos sobre los pájaros y las abejas". Estos eufemismos protectores fueron empleados por un par de razones:

Primero: Para evitar ser ofensivo. La pregunta directa, "¿Has hablado con tus hijos sobre el sexo?" fue considerada intrusiva y grosera.

Segundo: El lenguaje dentro de la metáfora contenía un mensaje codificado que era completamente entendido por los adultos, pero completamente extrañado por los niños. De esta manera, los niños fueron protegidos incluso de conversaciones accidentales.

¿Cuál es la conexión entre las aves y las abejas? Para empezar, comparten algo en común: ¡la flor! La flor representa el ejemplo de reproducción más moralmente neutro y, sin embargo, biológicamente completo. Durante años fue la ilustración por defecto la que proporcionó a los niños comprensión sin contaminación.

Para muchos lectores, el aspecto más interesante es cómo se utiliza la flor para preparar a los niños sobre la anatomía humana y la reproducción. La respuesta es sencilla. La flor se convierte en el objeto utilizado para construir el archivo de hechos moralmente neutral. Dado que la flor es el objeto de la conversación y no las partes del cuerpo privado de mamá, papá o el niño, no se induce ninguna vergüenza, ni hay ninguna necesidad de complacer en exceso al niño con terminología descriptiva que pueda ser interpretada por un compañero, que representa valores inconsistentes con los suyos.

Lo único que los padres necesitarán para que el Método Indirecto funcione es una comprensión básica de cómo se reproducen las flores. Esos conceptos básicos se proporcionan en nuestra descripción de la Fase Uno. Vamos a caminar a través del proceso.

LAS CUATRO FASES DE LA TRANSFERENCIA DE CONOCIMIENTO SEXUAL

El método indirecto consta de cuatro fases de desarrollo:

1. La fase de información
2. La fase curiosa
3. La fase de preparación
4. La Fase Integral

Las dos primeras fases son preparatorias, iniciadas por mamá y papá, y se basan en la disposición del niño a aprender. Eso significa que se debe tener en cuenta la edad y la capacidad del niño para entender la terminología familiar, como: "Mamá", "Papá", "Bebé", "Semilla", etc. Es en estas primeras fases que la flor se utiliza como el objeto principal de instrucción.

En contraste, las fases tres y cuatro no son desencadenadas por la disposición de un niño a aprender, sino por su necesidad de aprender. Aquí, el tema ya no es la flor, sino el cuerpo cambiante del preadolescente, el desarrollo de emociones y la creciente conciencia del género opuesto. Esta conversación particular entre padres e hijos será mucho más fácil para todos los involucrados si el trabajo preparatorio de la flor la precede.

A partir de esta breve introducción, ahora podemos ampliar la conversación a las aplicaciones de cómo y por qué de cada fase.

La fase de información

El objetivo principal de esta fase es la creación del archivo de hechos moralmente neutral que se residencia en la memoria del niño. El archivo contendrá alguna información reproductiva básica, pero la terminología utilizada será inespecica y acorde con la edad del niño y su capacidad para comprender el funcionamiento de la flor. Inicialmente, cualquier referencia hecha a las partes reproductivas se conoce como las partes "Papá" y "Mamá", ya que es la terminología con la que el niño pequeño puede relacionarse.

Por otro lado, los padres deben estar familiarizados con los nombres de las partes de la flor y su función. (Internet es un gran recurso para imágenes vívidas y coloridas del sistema reproductivo de una flor y nombres relacionados). Por comodidad, aquí hay una revisión rápida:

Tome nota de los cuatro estambres, cada uno con un tallo que conduce a los sacos de polen (también conocidos como anteras). Esta es la porción masculina de la flor, que contiene el polen. También está el tallo central femenino (llamado pistilo). El pistilo recibe el grano de polen y lo une con un huevo, y comienza el proceso de fertilización.

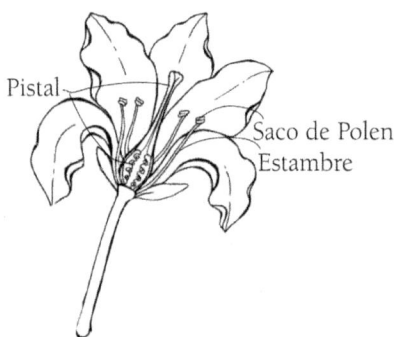

También se recomienda la capacidad de un padre para reconocer realmente las partes masculinas y femeninas de la flor antes de lanzarse a una discusión de fase uno con un niño. Con esa información en la mano, es hora de dar un paseo y poner a prueba su conocimiento.

"La historia de las flores"

La siguiente narrativa de "caminar por el parque" proporciona un ejemplo de cómo podría sonar una conversación madre/padre-hijo. Diseñamos nuestra historia con un niño de cuatro o cinco años en mente e invitamos al lector a tomar lo que necesita y adaptarlo para adaptarse a su propia situación familiar. Mantenga su conversación informal, con un enfoque en lo que Dios creó en general, en lugar de una lección de ciencia específica en la reproducción de flores. (El lector también encontrará la representación de un artista de tiza de nuestra historia en el sitio web de GrowingFamiliesUSA.com. Palabra clave de búsqueda: Flower Story)

En algún momento durante un paseo por la mañana, mamá comenta lo maravilloso que es disfrutar de tantas cosas hermosas sobre la naturaleza. Volviendo a algunas flores, ella pregunta:

"¿Sabes quién hizo estas flores para nosotros? La Biblia dice que fue Jesús."

"¿Sabías que cuando Jesús creó el mundo, Él creó dos de todo? Hizo dos conejos, dos pájaros y dos personas. Sus nombres eran Adán y Eva. "Adán y Eva tuvieron hijos y sus hijos tuvieron hijos y sus hijos tuvieron más hijos, y pronto el mundo entero se llenó de gente, al igual que todo el mundo está lleno de flores".

Con esa introducción básica, mamá ahora está lista para proporcionar algunos hechos moralmente neutrales sobre la flor. La conversación continúa.

"¿Ves todas las flores? Dios hizo cada flor para poder crecer y hacer aún más flores. Mira cómo Dios hizo esta flor."

Apuntando al tallo dentro de la flor, la conversación avanza. "¿Ves el tallo (estambre) saliendo de la parte superior de la flor? Esa es la parte de papá de la flor, y está llena de polen. ¿Conoces el polvo amarillo que se mete por todo el porche en la primavera? Eso es polen y viene directamente de esta parte de la flor.

"Dentro de la flor está la parte de mamá. Aquí es donde tiene lugar el verdadero milagro de la vida. A veces, cuando sopla el viento, el polen de papá cae en la parte de mamá de la flor, y allí una flor de bebé comienza a crecer en una semilla, como las pequeñas semillas que papá planta en nuestro jardín. Cuando la semilla de la flor cae al suelo, crecen más flores nuevas. Y así es como el mundo entero se llenó de tantas flores hermosas y arbustos coloridos".

Bueno, ahí lo tienen: su viaje de comunicar "hechos" reproductivos a su hijo ha comenzado, y se hizo de una manera que preservó la inocencia de su hijo. Ni mamá, papá o el cuerpo o las funciones corporales del niño fueron mencionados durante la conversación.

Los padres harían bien en revisar la enseñanza de las flores en otros momentos, o complementar su enseñanza con videos familiares que resaltan las flores y las semillas. [1] Estos recursos pueden ayudar al proceso de creación del archivo de hechos moralmente neutral que se necesitará para la Fase Dos.

En resumen, el niño necesita salir de la Fase Uno entendiendo que las semillas que cultivaron nuevas flores provienen de las partes de papá y mamá de la flor.

La fase de curiosidad

Mientras que mamá y/o papá inician la Fase de Información, la Fase de Curiosidad puede ser iniciada por el niño, cuando esas preguntas inocentes comienzan a llegar, tales como: "Mamá, ¿cómo se mete el bebé en tu barriga?"

Aquí, los padres tienen algunas opciones a las que recurrir. En primer lugar, suponiendo que se trata de un niño de preescolar a edad primaria temprana, los padres pueden proporcionar la respuesta rápida y segura. "Dios coloca al bebé allí".

Si eso satisface la curiosidad del niño, su trabajo está hecho... por el momento. Sin embargo, si el niño sigue adelante con la pregunta o sondea con una pregunta similar, entonces regrese a una flor real y comience a agregar más detalles.

Por ejemplo (mamá hablando con el niño),

"¿Recuerdas cuando hablamos de que el polen caía en la parte madre de la flor? Dentro de la parte de mamá, hay un pequeño huevo. Cuando la semilla de polen cae dentro de la flor y toca el pequeño huevo, el huevo se convierte en la semilla del bebé. La semilla del bebé necesita crecer en un lugar seguro. Así que crece dentro de la parte de mamá de la flor, hasta que es lo suficientemente viejo como para salir. Eso es lo que pasa con usted. Eras como una flor de bebé creciendo en mi barriga, hasta que estabas lista para nacer".

Dependiendo del nivel de curiosidad del niño, puede haber algunas preguntas de seguimiento, como "¿Cómo sale el bebé de su barriga?"

Lleva la conversación de vuelta a la flor. "Cuando el bebé de la flor está listo para salir de la parte de la madre, la madre abre el pequeño nido, y la semilla del bebé es empujada suavemente fuera del nido, donde cae al suelo y crece como una nueva flor. Lo mismo sucede con un bebé humano. Cuando el bebé está listo para salir, el cuerpo de la mamá comienza a empujar al bebé fuera de donde estaba creciendo".

El proceso de comunicar el conocimiento sexual es fácil cuando se usa una flor como ejemplo en lugar de la anatomía sexual de su hijo o la de mamá y papá. La analogía de las flores permite a los niños adquirir conocimientos reproductivos sin abrumar sus sentidos emocionales.

Sin embargo, los niños crecen y llegará un momento en que necesiten información específica sobre sus propios cuerpos. Es entonces cuando comienza la Fase Tres.

La fase de preparación

"Preparación" se refiere a los hechos biológicos reales necesarios para ayudar a guiar a su hijo a través de los cambios corporales que vienen con la pubertad. El uso de la analogía de flores para niños desde preescolar hasta las edades de ocho y nueve años funciona bien, porque la primera infancia no está sujeta a un reloj biológico que hace tictac. Sin embargo, la Fase Tres viene con un mayor sentido de urgencia. A los nueve, diez y once años de edad, las hormonas de un niño están empezando a fluir, y la pubertad está a la vuelta de la esquina.

Ahora las cosas se ponen un poco más complicadas, porque los cambios que pronto vendrán en el cuerpo de su hijo o hija requerirán un nuevo nivel de información que la flor no puede responder. Lo que hizo la flor fue proporcionar un marco de referencia moralmente neutral que permitió a un padre y a un hijo entrar en la Fase Tres.

En la Fase Tres, el mayor desafío que enfrentarán los padres es decidir qué se debe comunicar, cuándo se debe comunicar y qué tan explícita debe ser la información. Desafortunadamente, muchos padres operan desde la falsa suposición de que el inicio de la pubertad de repente vincula al niño con el mundo de la sexualidad adulta. Por lo tanto, asumen que una conversación sobre la pubertad debe incluir inevitablemente una conversación objetiva sobre la sexualidad adulta.

Creemos que no es sólo una suposición errónea, sino que es arriesgada de aceptar. Proporciona prematuramente a los niños información compleja, antes de que estén emocional y moralmente listos para manejar dicha información. ¡La fase tres no es el momento de tener una conversación previa a la noche de bodas con sus hijos!

La "Charla" padre-hijo asociada con la Fase Tres se ocupa de los cambios biológicos, hormonales y emocionales que vienen con la pubertad y los hechos relacionados con el cuerpo cambiante de su hijo o hija. En contraste, la "Charla" padre-hijo que viene en la Fase Cuatro se refiere a la creciente conciencia de un niño y su eventual interés en su propia sexualidad y futuros poderes generativos. Ambas conversaciones son importantes, pero no tienen por qué ser simultáneas. Por favor, tenga eso en cuenta mientras trabaja a través de la Fase Tres con su preadolescente.

¿Cómo suena una conversación previa a la pubertad? ¿Qué detalles son necesarios para preparar a su hijo o hija para los cambios corporales que están a la vuelta de la esquina? Por favor, consulte el Capítulo Cuatro para una conversación detallada relacionada con los cambios significativos que acompañan a la pubertad.

Por ahora, saldremos temporalmente de nuestra conversación de la Fase Tres con esta advertencia: Independientemente de cuán proactivamente diligentes puedan ser los padres en sus esfuerzos por proteger a sus hijos del conocimiento sexual intrusivo o lo bien que preparan a sus hijos, eventualmente cada niño se da cuenta de sus propios poderes sexuales y emociones sensuales, más allá de la simple curiosidad. Esa conciencia a menudo motivará a un niño a buscar respuestas, y es entonces cuando comienza la Fase Cuatro.

La fase integral

La fase cuatro trata de los mensajes sutiles y no tan sutiles asociados con los poderes generativos de un adolescente. Aquí están las buenas noticias. En la fase cuatro, los padres ya no son los principales iniciadores de las conversaciones, como oscaba en las tres primeras fases. Ahora, los padres asumen un rol de "recursos" y se convierten en respondedores a las preguntas del niño. En otras palabras, no te sentarás con tu hija de 16 años y le preguntarás: "¿Tienes alguna pregunta sobre el sexo que quieras que responda?" Más bien, en la Fase Cuatro, esperará a que le lleguen las preguntas. Por eso decimos eso.

Primero, para cuando un padre llega a la Fase Cuatro, no está comenzando con una pizarra en blanco que necesita ser llena de conocimiento sexual y sensual. El contexto de su mensaje sexual de toda la vida ya ha sido impreso en la mente de su hijo, desde el momento en que él o ella podría recordar. Las actitudes de los padres hacia la modestia y su continuo estímulo de pensamientos puros, junto con las virtudes protectoras que fluyen de un ambiente hogar que da vida, ya han establecido los parámetros de pensamiento aceptable e inaceptable para sus hijos.

Ahora, aquí están en la Fase Cuatro. ¿De qué queda por hablar? Piénsalo en lo que se refiere a tu propia situación familiar. Es durante la Fase Tres que los niños experimentan los mayores cambios hormonales y corporales, que ya habrán sido abordados por los padres. En la Fase Cuatro esos cambios, incluyendo las emociones y la conciencia sensual, solo maduran. También es durante la mitad de la adolescencia que un niño intencionalmente o no se familiariza con algún nivel de mensajes sexuales contemporáneos relacionados con el romance y algún nivel de intimidad sexual. Desafortunadamente, como padres, realmente no sabrán cuán completo es ese conocimiento, y no hay manera de averiguarlo; porque ningún adolescente típico será una parte dispuesta a una conversación relacionada con su propia sexualidad.

Esa es la única variable que hace que sea difícil saber hasta qué punto es necesaria una conversación detallada y cuál debe ser el enfoque de esa conversación. Los padres no deben ser intrusivos, pero deben ponerse a disposición cuando lleguen las preguntas (y lo harán). Esas preguntas, sin embargo, se disfrazarán de hipotéticas, tales como: "Mamá, ¿qué dirías si. . .?" o serán preguntas indirectas relacionadas con un amigo, una estrella de cine o una celebridad del deporte. Su hijo adolescente tomará su respuesta y personalizará las porciones que necesita.

El hecho de que sus hijos confíen en usted lo suficiente como para buscar su consejo en un asunto tan delicado refleja su confianza en su relación. Por lo tanto, sus respuestas deben complementar su confianza en su consejo, y caracterizarse por respuestas pacientes, tranquilas y reflexivas entregadas con sensibilidad.

RESUMEN DE PENSAMIENTOS

El uso de un objeto moralmente neutral para explicar los hechos de la vida no tensará la imaginación moral de un niño. No evoca imágenes inapropiadas que hubieran sido mejor dejar ocultas. El Método Indirecto no tensará ni manchará su imaginación, ni les robará la inocencia que pertenece a la infancia. Sin embargo, comunica todo lo que un niño necesita saber en el camino.

En el capítulo cuatro proporcionamos detalles específicos relacionados con la pubertad y la "charla" asociada con la mayoría de edad de un niño. En el capítulo cinco dirigimos nuestra atención a algunas de las preguntas más frecuentes relacionadas con la curiosidad sexual, y luego abordaremos los diversos desafíos sociales / contemporáneos que están en desacuerdo con tantos valores pro-familia.

Capítulo 4
La "Charla"

❧

Admitimos, el título anterior es ligeramente engañoso, ya que sugiere una "charla", como si sólo se supone que hay uno. No es así, cuando se trata de educar a un niño en el conocimiento sexual. Debería haber muchos en el camino hacia la madurez.

Independientemente del género, hay muchos cambios externos que tienen lugar con los niños preadolescentes (edades 9-12), y hay información que necesitan para entender y anticipar los cambios físicos por venir. Desafortunadamente, hay muchas voces que están fuera de su familia y sus valores familiares que están demasiado ansiosos por proporcionar a su hijo información sexual que no es útil ni saludable.

Tan a menudo estas voces de oposición hablan desde la perspectiva de la zoología, y no de la antropología bíblica. El ciervo, el león, el perro o el gato no necesitan pensar en su sexualidad, ya que sus acciones están controladas exclusivamente por las hormonas y el instinto. Su hijo, por otro lado, tiene un libre albedrío que se eleva por encima de las hormonas, la materia gris y los neurotransmisores.

Esta es la razón por la que continuamos enfatizando que la perspectiva en desarrollo de un niño sobre el amor, el romance y la sexualidad tendrá más que ver con las "impresiones sutiles" obtenidas dentro del hogar, que con el aprendizaje de hechos reales relacionados con sus futuros poderes generativos. Si bien esas impresiones sutiles se forman a lo largo de la primera infancia, se consolidan en su lugar durante la preadolescencia.

EL RETO

Como señalamos en nuestro último capítulo y deseo de volver a recalcar aquí, el inicio de la pubertad no vincula de repente al niño con el mundo de la sexualidad adulta. Es un error asumir, entonces, que una conversación sobre uno (pubertad) debe incluir inevitablemente una conversación sobre el otro (sensualidad y sexualidad adultas). A pesar de que están saliendo de la infancia, no significa que estén listos para las conversaciones de adultos. Todavía hay una cantidad considerable de crecer entre las edades de 12 y 18 años.

A menos que el niño haya sido inundado con información sexual de fuentes externas a la familia, muchas de las conversaciones relacionadas con los poderes generativos de un niño pueden esperar y deben esperar hasta que la madurez emocional del niño se ponga al día con su madurez biológica, ¡que puede ser de cinco a siete años más! Por lo tanto, los hechos que necesitan relacionados con sus cuerpos cambiantes durante la pubertad, no son los mismos que los relacionados con su eventual noche de bodas.

PUBERTAD

¿Qué es la pubertad y cuándo llega un niño a ella? Los científicos nos dicen que la pubertad representa las primeras etapas de los poderes generativos de la vida, la primera fase en el viaje hacia la madurez sexual. El inicio para los niños y las niñas difiere bruscamente. Las niñas maduran uno o dos años antes que los niños y por lo general experimentarán brotes de crecimiento preadolescente poco después de su cumpleaños número 10. Por otro lado, los niños tienden a comenzar sus cambios de crecimiento alrededor de los 12 años.

En las hijas, los cambios se caracterizan por el crecimiento del tejido mamario, los cambios en la voz y la piel, el crecimiento pélvico, la apariencia del vello corporal y la aparición de la menstruación. Justo antes de estos cambios (9-10 años de edad), las hormonas desencadenan una serie de brotes de crecimiento prepúberes en las niñas. A la edad de 14 años, la niña promedio puede haber crecido un 25% más alto que a los nueve años y casi duplicó su peso corporal. El desarrollo de las características sexuales secundarias en las niñas también proporciona señales sociales que generan diferentes respuestas de compañeros, padres y maestros. No es de extrañar que las niñas se vuelvan más conscientes de su apariencia personal durante este período de rápido crecimiento.

En general, tratar de establecer el punto exacto en el que comienza la pubertad con los niños es más difícil, ya que la aparición de características sexuales secundarias es menos dramática y ciertamente no repentina. Los primeros signos incluyen el crecimiento del vello, que aparece primero en la región de la ingle, seguido por el vello axilar (axilas), el vello facial (generalmente por encima del labio superior) y luego el vello de las piernas.

El rápido crecimiento de hijos e hijas requiere más sueño; las siestas de la tarde pueden no ser infrecuentes. El hipotálamo comienza a señalar la necesidad del cuerpo de más alimentos para mantener las crecientes demandas de energía del crecimiento. Los platos de cereales de la infancia son reemplazados por cuencos del tamaño de mamá y papá (o más grandes), y encontrarás a tu hijo o hija buscando esa segunda y tercera ayuda. Esta es la razón por la que las comidas nutricionales siempre deben prevalecer sobre los refrigerios y la comida chatarra.

Necesidad de higiene

La pubertad también señala cambios en la composición química de las glándulas sudoríparas, lo que requiere que se preste un nuevo nivel de atención hacia el aseo y la higiene. En verdad, el sudor en sí no produce olor, pero el sudor que interactúa con las bacterias que descansan sobre la piel sí lo hace. Desafortunadamente, el hijo y la hija pubescentes tienden a ser ajenos a sus propios aromas de vestuario privado. Aquí, encontramos diferencias de género jugando. Una vez alertadas, las niñas tienden a estar más atentas a sus necesidades higiénicas, mientras que los hijos tienden a necesitar más aliento.

A pesar de todo, por el bien de su hijo o hija, usted mismo y el pobre maestro de quinto grado que tiene una habitación llena de estos dulces queridos sudores, adelantarse a esto está claramente enfocado en los demás y requiere cierta conversación. ¡Cuanto antes, mejor! Debido a que está tratando con un niño todavía en la transición preadolescente, mantenga sus comentarios positivos, llenos de palabras de vida y libres de insultos. Comentarios fuera de lugar como: "¡Niño, apestas!" O "Puedo olerte a una milla de distancia", tienen el potencial de evocar vergüenza y vergüenza. Hay una mejor manera de introducir algo tan básico como el desodorante.

Somos grandes defensores del enfoque proactivo. Por ejemplo, ¿qué programa deportivo no llega finalmente a un comercial de desodorante? Un papá que está sentado con su hijo, viendo el gran partido, puede aprovechar el comercial. "Ese tipo está usando desodorante enrollable. Eso es lo que yo uso, y al ritmo que estás creciendo hijo, vas a tener que empezar a hacerlo pronto".

¡Auge! ¡Está ahí fuera! Ahora, siéntese y espere a que lleguen las preguntas. No te preocupes si no vienen de inmediato; su hijo puede simplemente estar procesando el comentario. Solo sé que plantaste la semilla. Con el tiempo, tanto su curiosidad como su necesidad de saber aumentarán, y tendrás un punto de referencia sobre el que construir una conversación futura.

Otro enfoque es escuchar los desencadenantes verbales que vienen con la edad. Nos referimos a esto como "crianza de remolcadores". Los remolcadores tienen una forma de aplicar la cantidad justa de presión en el lugar correcto para mover un barco grande en la dirección correcta. Aquí hay un ejemplo: Un hijo casualmente dice: "Sabes, mamá, parece que tengo hambre todo el tiempo".

Tenga su respuesta de remolcador en su bolsillo trasero. "Oh, eso es una señal de que mi pequeño está creciendo en la virilidad. Muy pronto, vas a tener músculos de hombre, una voz de hombre, y tendrás que empezar a tomar una ducha todos los días como lo hace papá".

¿Qué hizo este simple intercambio? Ayudó a dirigir el pensamiento del hijo al proporcionar la cantidad correcta de información. Es una forma no amenazante de introducir el hecho de que se avecinan cambios corporales. Independientemente de cómo aborde el tema, al final, su hijo necesita saber que el sudor se une a la piel, el cabello de las axilas y la ropa, y es por eso que bañarse, cambiarse de ropa y usar desodorante se convertirán en importantes rituales diarios.

En este punto de nuestro debate, dejaremos las preocupaciones genéricas que afectan mutuamente a los niños y niñas pubescentes y nos ocuparemos de los desafíos específicos de género. Aquí es donde entran en juego varias conversaciones de "mamá" y conversaciones de "papá", es decir, conversaciones de madre a hija y conversaciones de padre a hijo.

MADRES E HIJAS

Todos aportamos diferentes experiencias personales y antecedentes a nuestra maternidad. Sin embargo, hay ciertos aspectos de la feminidad que son constantes. Desde el principio de los tiempos, madres e hijas siempre han compartido lazos únicos. Mientras que un hijo se separará, una hija se verá a sí misma unida a su madre por el amor, los sentimientos, el género y la poderosa capacidad de llevar la vida.

El impacto de esa capacidad se confirma por uno de los acontecimientos más significativos en su vida: el comienzo de la menstruación. Aunque los sentimientos de su hija relacionados con el estrógeno y la progesterona serán únicos, sus experiencias se basarán en simpatías mutuas y crearán un vínculo tácito de hermandad, sí, incluso con su propia madre.

De todos los cambios que tienen lugar en su hija durante la pubertad, el inicio de su período crea la mayor ansiedad, ya que la menstruación no es una transición suave, gradual o pausada. Es un evento espontáneo que viene sin previo aviso. Un día su hija simplemente descubre una descarga de sangre en su ropa interior. Puede ser un momento de miedo si ella no está preparada para ello (y todavía un momento potencialmente ansioso, incluso si lo está).

Hay algunas cosas prácticas que mamá puede hacer para ayudar a preparar a su hija para este evento recurrente que será parte de su vida durante los próximos 35-40 años. Aquí hay algunas ideas:

1. *Darse cuenta de que mamá es la mejor persona para la tarea.*

Si la educación sexual, y especialmente una conversación sobre la menstruación, fueran simplemente una cuestión de comunicar hechos biológicos, entonces entregar a su hija un libro sería suficiente. Pero ningún libro sirve como sustituto de una conversación de corazón a corazón entre mamá e hija. La sexualidad femenina es mucho más compleja de lo que los hechos simples pueden resolver. Es por eso que la mente y el corazón de un niño deben estar preparados.

2. *Darse cuenta de que hay un problema de tiempo relacionado con su charla.*

La información biológica y sexual se comparte mejor con los niños de manera progresiva. En verdad, no existe tal cosa como un chat de una sola vez, madre-hija; más bien hay una serie de pequeñas conversaciones que eventualmente culminan en una conversación específica sobre la menstruación. En la casa de Ezzo, las conversaciones madre-hija de Anne Marie comenzaron alrededor de los nueve años con referencias casuales a los cambios que se avecinan. Por ejemplo, de compras con el niño objetivo, recogió un poco de desodorante para sí misma, y luego otro para La hija. Ella casualmente dijo: "Aunque no lo necesites en este momento, lo harás lo suficientemente pronto, porque tu cuerpo pronto pasará por algunos cambios".

Este simple comentario trajo una pregunta simple: "¿Por qué?" A partir de ahí, Anne Marie fue capaz de abordar el tema del cambio de una manera muy poco amenazante, pero progresiva. Esa pequeña conversación fue un largo camino. Abrió la puerta a preguntas, y le dio un punto de partida para su próxima conversación importante, que tuvo lugar alrededor de los nueve años y medio. Fue entonces cuando Anne Marie probó las aguas con un comentario oportuno sobre Cassandra, una joven de 14 años que los niños conocían y respetaban. "Ella está empezando a florecer en una hermosa joven".

De ese comentario surgió una conversación sobre las hormonas que hacen que las niñas como Casandra crezcan hacia la feminidad y pronto desencadenarían cambios en su vida también, incluidos los primeros signos de su tejido mamario y el crecimiento del cabello. Habiendo creado ya una conciencia de que se avecinaban algunos cambios corporales, Anne Marie ayudó a que la conversación específica sobre el inicio de la menstruación fuera menos traumática.

Algunas madres se llevan a sus hijas para divertirse durante la noche para tener esa conversación detallada. Otros programan un tiempo de silencio en casa, cuando papá está ausente por un tiempo prolongado con los otros hermanos. Dondequiera que esta conversación tenga lugar con su hija, asegúrese de proporcionar la información que necesita para ayudarla con esta transición, y no saltar con pértiga a temas avanzados más allá de su madurez emocional. [1]

3. *La vida está en la Sangre.*

Tal vez el aspecto más confuso de esta conversación es el papel que juega la "sangre" en el proceso. ¿Cuál es su función y propósito? Su explicación no necesita ser demasiado técnica, pero debe cubrir la verdad básica de cuán temerosa y maravillosamente Dios hizo el cuerpo de la mujer. En el sentido biológico más verdadero, hay propiedades que sostienen la vida dentro de la sangre, y una vez al mes el cuerpo de una mujer coloca una pequeña cantidad de esa sangre en el útero (a pesar de que no hay ningún bebé presente). Después de un día más o menos, la sangre, con toda su "comida" especial, comienza a salir lentamente del útero y salir del cuerpo. Eso comienza lo que comúnmente se conoce como "menstruación" o un "período". (El período se refiere a un tiempo particular dentro del ciclo lunar).

Aunque la conversación es sobre el útero y el papel que juega la sangre en el proceso, los únicos hechos que su hija necesita en ese momento son los relacionados con el inicio de su ciclo y lo que puede esperar.

4. *Asegúrese de que su hija tenga sus hechos correctos.*

Una vez que comiences a explicar los detalles del cambio, es posible que escuches: "Oh, lo sé todo sobre los períodos. Becky me dijo que le pasó a su hermana en la escuela".

No dejes que esa afirmación quede sin respuesta. Éguelo con: "Estoy seguro de que tienes un conocimiento general sobre esto, pero ¿sabes sobre la ovulación o los calambres leves que pueden acompañar a tu período?" Haga preguntas. No termine esta conversación sin entender lo que ella sabe, como se distingue de lo que ella cree que sabe.

5. *Sea sensible al proceso de "Clasificación".*

Es importante que no asuma que cada hija recibirá la noticia de la misma manera. Una hija puede ofrecer una respuesta enfática como: "¡Eso no me va a pasar a mí!"

A esto, usted puede responder suavemente, "Sí, de hecho, si te gusta o no, esto le pasa a todas las mujeres. Es parte de la vida, y te adaptarás a estos cambios, al igual que todas las mujeres antes que tú te has adaptado".

Otra hija puede recibir la misma charla con gran anticipación y emoción acerca de crecer. No hay una respuesta correcta o incorrecta en estos dos ejemplos, pero ambos necesitan ser dirigidos y comprendidos.

6. *Darse cuenta de la importancia del seguimiento.*

Una vez que comience su ciclo, ayude a su hija a entender que "normal" es lo que es normal para ella. Mientras que muchas hembras tienen un período cada 28 días, algunas van más largas y otras más cortas. Asegúrese de que su hija entienda que los ciclos irregulares, particularmente inicialmente, no son infrecuentes. Ese hecho le permitirá hablar más sobre el tema de la preparación y la higiene personal.

Es probable que las conversaciones con su hija tarde o temprano conduzcan a la pregunta sobre la conciencia de papá de tales cosas. La mayoría de las niñas creen que sus padres no podrían entender lo que está sucediendo, y tienen razón hasta cierto punto. Emocional y experiencialmente, la mayoría de los hombres están limitados en su comprensión de la menstruación.

No obstante, papá necesita estar informado y convertirse en una fuente de aliento, pero solo hasta el punto de afirmar, en un sentido general, la feminidad en desarrollo de su hija. Sin embargo, no debe asumir que tiene una voz igual en este asunto y una que su hija agradecería escuchar.

Por último, aunque no hace falta decirlo, lo diremos de todos modos. Cuando su hija comience su menstruación, no lo anuncie en la mesa de la cena, publíquelo en las redes sociales o ate globos rojos alrededor del buzón. Mantén las cosas privadas en privado, y cuanto más hagas, más confianza tendrá tu hija en ti. Hay suficientes desafíos en la vida de un preadolescente sin transmitir el inicio de su período; eso solo complicará las cosas para ella y para usted. Sé sensible a esto. Deje esto como un asunto privado y personal entre la hija y la madre.

7. *Responda a las preguntas que le preocupan.*

Piensa en las preguntas que tenías cuando te enteraste o comenzaste a menstruar por primera vez. Usted puede o no haber llevado sus preocupaciones a su madre, pero usted quiere que su hija pueda venir a usted. Con toda probabilidad, su hija tendrá preguntas que reflejan las mismas preocupaciones que usted tenía cuando era niña. Estas preocupaciones pueden reducirse en gran medida mediante una orientación proactiva.

Aquí hay cinco preocupaciones comunes que las niñas reflexionan sobre lo que se refiere al inicio de su período.

a) Todos en la escuela sabrán que tengo mi período.

El aumento de la autoconciencia de su hija y la mayor sensibilidad al momento de su período inicialmente desencadenarán un nivel de paranoia. Usted puede ayudar a aliviar parte de este estrés temprano con la seguridad de que ella lo hará a través de su período sin detección, si ella presta atención a sus necesidades de higiene asociadas. Ella necesita entender que, después de comenzar a menstruar, se dará cuenta de que además de su aumento de la transpiración que se produce naturalmente con el desarrollo de las glándulas sudoríparas, sus secreciones corporales y la sangre que pasa también desprenderá un ligero olor. La solución, por supuesto, es la higiene básica.

b) Puede golpear en cualquier momento. Es impredecible.

Es comprensible que haya cierta ansiedad en torno al inicio del primer período. Es espontáneo, lo que significa que es impredecible. Puede suceder mientras ella está sentada en su salón de clases en la escuela, tan fácilmente como cuando está durmiendo en la cama. Aunque su hija no puede evitar que suceda, puede estar preparada para ello. Sabiendo que cada día acerca el evento un día, puede proporcionar a su hija la protección necesaria que puede llevar consigo cuando está fuera de casa. Una vez que comience, enséñele las tres "P": planificar actividades, prepararse para sorpresas y prevenir accidentes.

c) Me desangraré hasta la muerte.

Antes del inicio de la menstruación, la única experiencia de su hija con el sangrado se ha relacionado con una lesión o una hemorragia nasal ocasional. Es natural que se pregunte cuánta sangre puede perder antes de que el sangrado se vuelva potencialmente mortal. Asegúrele a su hijo que, si bien puede sentir que está perdiendo mucha sangre, el hecho es que la pérdida de sangre durante la menstruación es insignificante en comparación con el volumen total de sangre del cuerpo. En promedio, las mujeres pierden alrededor de 2 onzas (60 ml) o menos, y es la sangre la que está diseñada para perderse. Este es también un momento para recordarle a su hija sobre la importancia de una nutrición adecuada, que es esencial para el mantenimiento del cuerpo y el equilibrio adecuado de los líquidos, incluida la producción de glóbulos rojos.

d) Va a doler.

Los calambres menstruales, ya sean leves o graves, a menudo son un hecho de la vida de una mujer. Sin embargo, vivimos en un día en que la medicación de venta libre está disponible para ayudar a una mujer a través de los primeros días de su período, si es necesario. Por supuesto, cada mujer responde al dolor y la incomodidad de manera diferente. Tenga cuidado con la forma en que comunica sus propias experiencias y respuestas. Si se acuesta una vez al mes, no asuma que el cuerpo de su hija requerirá lo mismo. Por otro lado, si usted es bendecido con calambres leves o sin calambres, no asuma que la fisiología de su hija le otorgará los mismos beneficios.

e) No podré hacer nada ni ir a ninguna parte.

Es cierto que la menstruación puede causar suficiente incomodidad ocasionalmente para restringir una actividad física en particular. Sin embargo, la menstruación en sí misma no impedirá que su hija participe en clases de gimnasia, natación u otras actividades deportivas y sociales que disfrute. Asegúrele que, aunque tendrá que hacer algunos ajustes, puede y disfrutará de la vida tanto como lo ha hecho antes.

PADRES E HIJOS

Como papá, apostamos a que no puedes esperar para arrastrar a tu hijo de 13 años a algún rincón remoto de la casa, ¡siéntate y habla a través de todos los misterios de su cuerpo cambiante! En realidad, una vez que su hijo cruza el primer umbral hacia la virilidad, necesitará un confidente de confianza, alguien por encima de una relación de pares. Si bien mamá podría ser un buen recurso, papá es realmente la mejor opción para los hijos.

Ciertamente, la sexualidad humana tiene sus complejidades, y es tan singularmente compleja para los hijos como lo es para las hijas. Sin embargo, ¿es posible que nuestra sociedad la haya hecho más compleja de lo que realmente es, especialmente para los niños? Si bien podemos apreciar las imágenes románticas que pueden reproducirse en los sueños diurnos de una hija de 12 años (un corcel blanco y su caballero galante), los niños tienden a no pensar de esa manera. Simplemente no romantizan sus cuerpos cambiantes.

Eso no quiere decir que estén vacíos de curiosidad o imaginación equivocada. Mientras que su curiosidad e imaginación pueden conducir a pensamientos pecaminosos, y las oleadas de testosterona pueden producir momentos embarazosos, los niños no necesariamente ven sus cambios corporales como un umbral simbólico a la hombría. Para la mayoría de los hijos, "es lo que es", solo parte de crecer con algunos momentos incómodos y nada más. Tenga cuidado de no hacerlo más que eso.

Dado que los niños no experimentan nada que señale el inicio repentino de la pubertad (como la menstruación), muchos padres carecen de un sentido de urgencia para hablar con sus hijos sobre los cambios por venir. Si a eso le sumamos el hecho de que los niños suelen estar dos años por detrás de las niñas en el desarrollo físico y social, es fácil ver por qué "la charla" nunca se lleva a cabo. Sin embargo, es necesario hablar un poco más allá de cómo usar el desodorante. Pero, ¿en qué medida y qué tan explícitas deben ser esas conversaciones?

Para los papás que leen esto, por favor recuerden las dos verdades que guían: Primero, el mayor desafío de comunicación para la mayoría de los papás es saber cómo abordar los cambios biológicos presentes que vienen con la pubertad, sin profundizar en una conversación explícita relacionada con los futuros privilegios generativos del hijo en su papel como esposo. Muchas de esas conversaciones pueden y deben esperar hasta que la madurez emocional y moral de un hijo esté lo suficientemente en su lugar para regular la información que recibirá. Incluso entonces, la mayoría de esas conversaciones serán más un goteo de información que un chorro repentino y único de hechos generativos. En verdad, el tierno cuidado que un padre demuestra hacia su esposa (mamá) hará más para dar forma a la perspectiva de un hijo de la sexualidad masculina que cualquier conversación, libro o video.

En segundo lugar, cuando hable de asuntos relacionados con la fisiología y la madurez sexual, busque objetos neutros (o ejemplos neutros) y permita que se conviertan en el foco de su conversación, en lugar del cuerpo cambiante de su hijo.

Esta es una adaptación del Método Indirecto de comunicación introducido en el Capítulo Uno. El empleo de este método de comunicación permitirá a un padre ir a lugares con un hijo (en sentido figurado) que de otra manera no podría haber ido. Los siguientes son ejemplos de cómo esto podría sonar.

El poder de fomentar el comportamiento correcto

Hay algunos temas sociales más amplios y preocupaciones para que los papás se mantengan atentos y estén preparados para proporcionar algunas respuestas para una variedad de preguntas. Por ejemplo, ¿iniciarás una conversación sobre la pornografía y la autoestimulación que a menudo la acompaña? ¿Qué dirás? "¡No lo hagas!" "¡No vayas a esos sitios web!" "No mires la pornografía". "No dejes que otros te arrastren hacia abajo"?

Si bien algunos "no hacer" pueden ser apropiados, en términos generales, cualquier tentación que enfrentamos en la vida se vuelve más tentadora cuando se vincula a palabras que prohíben, en lugar de palabras que alientan. Quédate con ánimo y señala lo que quieres que haga tu hijo, no lo que quieres que evite. Puedes hacer esto con palabras de aliento, palabras de sabiduría o cualquier proverbio de "frase" que puedas incrustar en su mente. Aquí está un ejemplo de cada uno:

Aliento: "Hijo, hasta este punto, has hecho un gran trabajo protegiendo tu corazón, y sé que tienes los recursos dentro para continuar."

Sabiduría: "Mantente a salvo guardando lo que permites que tus ojos dejen entrar en tu mente".

Proverbio: "Hijo, por encima de todo, recuerda: 'La trampa no significa nada para el conejo hasta que lo atrapa'. Lo mismo ocurre con la pornografía".

Señale a su hijo a la sabiduría con palabras alentadoras, sabiendo con confianza que el aliento siempre tiene una vida útil mayor que las prohibiciones. ¡Sigue señalando a tu hijo a los rasgos de carácter que quieres que abrace, no los evite!

Esos asuntos personales

Con la pubertad vienen ciertas condiciones fisiológicas. ¿Cómo debe un padre abordar esos problemas que un hijo considera muy privados? Por ejemplo, ¿cómo se comienza una conversación sobre la rigidez torpe y espontánea que no tiene desencadenantes obvios, pero que de repente sucede? ¿Qué nervio demasiado sensible en el área de la ingle es responsable de esa condición? ¿Hablas de ello, o simplemente cambias sus pantalones cortos de boxeador a calzoncillos para ayudarlo a ocultar el truco de la naturaleza? ¿Qué pasa con las emisiones nocturnas, que ocurren durante los sueños? ¿Cómo los explicas, o no?

Afortunadamente, no hay muchos temas asociados con la fisiología cambiante de un hijo en los que los padres realmente tienen que profundizar. Pero de nuevo, los papás pueden aprovechar el Método Indirecto de comunicación. Incluso una conversación casual sobre la última puntuación de la prueba de PSA (antígeno prostático específico) del abuelo puede poner en marcha una conversación necesaria. Los problemas de próstata del abuelo podrían tener algún valor redentor para el viaje de su hijo a través de la virilidad.

¿Por qué usar la próstata? Hay tres razones. Primero, en nuestro ejemplo, la próstata del abuelo se convierte en el objeto neutro de la conversación. Aquí es donde entra en juego el Método Indirecto de conversación. En segundo lugar, la próstata es una pequeña glándula del tamaño de una castaña, oculta fuera de la vista. Hablar con un hijo sobre una parte del cuerpo que no puede ver es mucho más fácil que hablar con un hijo sobre las partes que puede ver. En tercer lugar, la próstata es el puesto de mando para la actividad sexual. Contiene los nervios responsables del estado rígido de excitación. También es un músculo que bombea líquido seminal a través del tubo penal.

Bueno, con esos hechos en su lugar, aquí hay una conversación casual entre papá e hijo en un viaje en automóvil a la casa del abuelo.

Papá: "Hijo, sólo como una advertencia. Cuando lleguemos a la casa del abuelo, podría comenzar a hablar sobre el informe de su médico y la prueba de PSA. Sus niveles eran más altos de lo que esperaba. ¿Sabes cuál es la prueba del PSA?

Hijo: "No."

Papá: "Es una prueba que mide la salud de la glándula prostática. Las niñas no tienen uno, solo niños".

Hijo: "¿Qué hace la glándula prostática?"

Papá: "Sabes, cuando vas al baño y empiezas a orinar, y simplemente fluye libremente? Bueno, cuando llegamos a la edad del abuelo, muchas veces, se necesita mucho tiempo para orinar, porque la próstata es una glándula y un músculo, ubicados aquí mismo (papá señalando) detrás del área de la ingle, que pellizca el tubo que lleva la orina de la vejiga. También tiene otras funciones. Pero, cuando se hincha un poco, podría ser una señal de que algo está mal".

Con solo esa información resumida, un padre puede construir todo un repertorio fisiológico que proporciona la información biológica que el hijo necesita ahora, y puede servir como punto de referencia para futuras conversaciones. La próstata del abuelo es el objeto neutro perfecto.

Aquí hay un ejemplo de cómo se puede vincular a una explicación relacionada con las inesperadas emisiones nocturnas que su niño de 14 años comienza a experimentar (por si surge la pregunta). ¿Cómo le explicas este fenómeno a tu hijo?

Volvamos a la próstata del abuelo y revisemos lo que papá necesita saber. Aunque la producción de semen es un proceso continuo después de la pubertad, solo se produce un 2-4% en los testículos; el equilibrio se produce en la glándula prostática. Las emisiones nocturnas ocurren durante los períodos de sueños pesados (que no son necesariamente sueños eróticos).

Esto es lo que su hijo necesita saber. "Hijo, ¿recuerdas cuando hablamos de la próstata del abuelo? Bueno, a su edad, los nervios de la próstata pueden sentir una acumulación de presión en la glándula. Si hay demasiada presión, forzará parte del líquido por la noche, cuando esté durmiendo. Nada de qué preocuparse. Eso es justo lo que sucede a tu edad".

La pregunta incómoda se responde con una explicación simple. Sin embargo, si esa explicación no funciona para usted o su hijo, siempre está la metáfora del tanque de agua caliente en el sótano. Si hay una acumulación de presión debido al sobrecalentamiento, la válvula de alivio se abre y permite que el agua salga, reduciendo así la presión en el tanque.

La lección aquí es bastante sencilla. Cualquiera que sea el tema que determine que necesita algo de educación, primero busque un objeto o metáfora neutral que pueda servir como un sustituto ilustrativo para el desafío específico que necesita una respuesta. El método indirecto de comunicación puede ayudar a cualquier padre a transmitir los mensajes necesarios sin vergüenza, vergüenza o arrepentimiento de que se compartiera demasiado poco o demasiado.

Finalmente, esta conversación se verá y sonará de manera diferente para cada familia. Una conversación similar podría tener lugar cuando papá e hijo están trabajando en el coche, pescando juntos o acampando. Nuestro punto es que, independientemente del contexto de su conversación, busque el objeto neutral y mantenga su conversación apropiada para su edad.

RESUMEN

Mientras que las influencias externas se convertirán más en un factor durante la Fase Tres, la mayor influencia en la vida de un niño sigue siendo la familia. Dentro del contexto de la familia, los niños desarrollan un sentido de quiénes son, y la brújula de sus padres los señala a la dirección que tomarán en la vida.

Es precisamente porque los niños se identifican con aquellos que aman que tienden a adoptar patrones de pensamiento y comportamiento que fluyen de esas relaciones. Su bebé, niño pequeño, preadolescente y adolescente siempre se relacionará con mamá y papá como una unidad diferente a como él o ella se relaciona con cualquiera de los padres solos, o en un grupo de hermanos.

A medida que su hijo se mueve a través de la preadolescencia, las relaciones madre-hijo y padre-hijo toman un nuevo significado. Las hijas miran a sus madres para modelar su futuro papel de la feminidad. Por su parte, los padres proporcionan una caja de resonancia en la que las niñas pueden poner a prueba su feminidad. A su hija, por ejemplo, le puede encantar ir de compras con mamá, pero corre hacia papá para mostrar su nuevo atuendo. Ella hace esto por una razón: usa la respuesta de papá como un tipo de medidor masculino. "¿Qué piensa papá?" a menudo se traduce en "¿Qué pensarán los niños de mí en este vestido?"

Dado que el hogar es el primer salón de clases de un niño, establece patrones de pensamientos y actitudes que se llevan adelante. Por favor, comprenda que incluso después de que los compañeros comienzan a ejercer influencia, dicha influencia tiende a no eclipsar la influencia que se encuentra en las relaciones familiares fuertes. De hecho, no existe una característica conductual de la adolescencia (virtud o vicio), en la que la semilla de tal no esté ya presente en la infancia, y las consecuencias o bendiciones esperan la llegada del niño a la edad adulta.

No es coincidencia, entonces, que si las relaciones padre-hijo o madre-hija están unidas con la confianza del aliento y el amor, los niños recurren más a papá y niñas a mamá como sus consejeros, en lugar de a sus compañeros para averiguar las preguntas más grandes de la vida.

Sección Cuarta

Preguntas comunes

(Capítulos 5 – 8 y Apéndice C)

Mis notas

Lecciones para llevar

Preguntas comunes

Visite cuatro preguntas

<u>Sección Primera</u>: Preguntas generales

1. ☐ Con respecto al uso de la flor, ¿comienzas con la Etapa de Información y luego solo esperas a que ocurra la segunda etapa, o deberías provocar alguna discusión que conduzca a la etapa curiosa?

2. ☐ ¿Qué pasa si ya le hemos dicho demasiado a nuestro hijo, o hemos permitido que nuestro hijo se siente a través de clases de educación sexual patrocinadas por escuelas públicas? Como padre, ¿cómo compensar el conocimiento sexual con el que nuestro hijo ya está familiarizado?

3. ☐ En la visita dos usted mencionó que hay salvaguardias incorporadas en la inocencia moral de un niño. ¿Puede dar un ejemplo de cómo funciona?

4. ☐ Si mantenemos a nuestros hijos moralmente protegidos reteniéndoles el conocimiento sexual, ¿cómo los protegemos de aquellos que podrían tratar de aprovecharse de su ingenuidad?

5. ☐ ¿Cuándo y cómo explicamos las palabras del argot sexual a nuestros hijos? ¿O no decimos nada y simplemente esperamos a que nuestros hijos nos traigan algo?

6. ☐ Acabamos de enterarnos de que la escuela de nuestros hijos introducirá clases de educación sexual. No estamos seguros de que queremos que nuestros hijos participen en ese tipo de discusión grupal. ¿Alguna sugerencia sobre cómo tomar la mejor decisión para nuestros hijos?

7. ☐ ¿Cómo se explica a un niño pequeño por qué una niña soltera está embarazada? Mi hija sabe que la niña no está casada, entonces, ¿cómo resolvemos este conflicto en su mente?

8. ☐ Al leer las Escrituras a sus hijos más pequeños, ¿cómo trata con los pasajes que tienen contenido sexual?

Sección Segunda: Sobre homosexualidad y transgenerismo

9. ☐ El objetivo tácito de la corrección política es cambiar la forma en que las personas piensan a través de los códigos de discurso requeridos que supuestamente pueden crear una sociedad nueva, abierta y tolerante. Sin embargo, como se usa aquí, *la tolerancia* no es virtud, sino una ideología política que busca controlar lo que la gente dice, pero también lo que piensa y cree.

10. ☐ Un amigo de la escuela le presentó a mi hijo de seis años la palabra "Gay: y le dijo a mi hijo, significa que dos niños se besan como si estuvieran casados. Afortunadamente mi hijo compartió esto conmigo. Le dije que hablaríamos de ello. Por favor, ayuda. ¿Qué digo?

11. ☐   Mientras que nuestro hijo de cuatro años disfruta jugando con sus camiones y haciendo otras cosas tradicionales de niño, también parece disfrutar jugando con las muñecas de su hermana y está dispuesto a vestirse como su prima de visita. Con toda la discusión sobre la confusión de género, ¿cómo lo alentamos en su niñez? ¿Le digo que deje de jugar a disfrazar o con muñecas?

12. ☐   Acabamos de recibir una invitación de nuestra sobrina que se va a casar. Desafortunadamente, se está casando con otra mujer. Nuestro primer impulso fue no ir. Pero ahora estamos teniendo dudas. ¿Asistimos o no?

13. ☐   Tengo una amiga cercana que viene a la ciudad que quiere pasar por aquí con su pareja lesbiana y pasar la noche. Amo a mi amiga, pero amo más a mis hijos, y no quiero que estén expuestos a su estilo de vida. Decir: "Tu no invitado", parece grosero y poco amoroso, pero no decir nada condona el comportamiento. ¿Ayuda?

14. ☐   ¿Cómo explicamos a nuestros hijos que su tía favorita Barbie está en tratamiento para convertirse en tío Brad sin entrar en los detalles de la transexualidad?

15. ☐   Mi hijo denueve años fue invitado por su amigo a una aventura en el baño de las niñas y su amigo le dijo que si las atrapaban, cada una diría "Hoy me sentí como una niña". Afortunadamente, mi hijo no se unió a su amigo, pero ¿cómo explico lo que parece convertirse en una tendencia de la escuela pública?

16. ☐   ¿Cómo enseñamos a nuestros preadolescentes y adolescentes a tomar una posición en la escuela cuando se enfrentan a la homosexualidad envuelta en la corrección política? No queremos que nuestros hijos asuman el papel de matones, pero tampoco quiero que sean intimidados con códigos de discurso políticamente correctos.

Capítulo 5

Preguntas comunes

⚜

Cuando los padres de gallina comienzan a trabajar a través de las dos fases iniciales del Método Indirecto de comunicar el conocimiento sexual, a menudo se sorprenden al descubrir cuán receptivos son sus hijos a la información proporcionada. Esto sucede en parte porque la información específica no es intrusiva. No obliga a los niños a pensar más allá de su edad emocional. Sin embargo, hace que los niños piensen y hagan preguntas impulsadas por su curiosidad. Este capítulo facilita la respuesta a esas preguntas.

El capítulo seis sigue con una discusión sobre la estimulación auto-sexual y los desafíos de la pornografía. El capítulo siete y octavo aborda los desafíos morales, sociales y de salud que se encuentran dentro de las comunidades homosexuales y transgénero.

Pero lo primero es lo primero. Para una guía de referencia rápida y la conveniencia del lector, proporcionamos una visión general de las preguntas relacionadas que se encuentran en el capítulo. El lector encontrará que algunas de las preguntas fueron respondidas en la presentación del DVD, pero ampliadas en este capítulo. Otras preguntas son nuevas y además de lo que particionamos en la presentación del DVD. Otras preguntas, con respuestas, se encuentran en el capítulo nueve. Confiamos en que en algún lugar de esta lista encontrará la(s) respuesta(s) que está buscando. Estas son las preguntas cubiertas en este capítulo.

Pregunta #1

Con respecto al uso de la flor, ¿comienzas con la Etapa de Información y luego solo esperas a que ocurra la segunda etapa, o deberías provocar alguna discusión que conduzca a la Etapa Curiosa?

Pregunta #2

¿Por dónde empezar si sus hijos son demasiado viejos para usar el Método Indirecto Proactivo?

Pregunta #3

¿Qué pasa si ya le hemos dicho demasiado a nuestro hijo o hemos permitido que nuestro hijo se siente a través de clases de educación sexual patrocinadas por la escuela? Como padre, ¿cómo compensamos el conocimiento sexual con el que nuestro hijo ya está familiarizado?

Pregunta #4

¿Cuándo y cómo explicamos las palabras «argot sexual» a nuestros hijos? ¿O no decimos nada y simplemente esperamos a que nuestros hijos nos traigan algo?

Pregunta #5

Al leer las Escrituras a nuestros hijos más pequeños, ¿cómo tratamos con los pasajes que tienen contenido sexual?

Pregunta #6

¿Qué pautas generales ofrecen para los hermanos que se bañan juntos?

Pregunta #7

¿Cuáles son sus pensamientos sobre los padres que se bañan con sus hijos, especialmente con un niño del sexo opuesto?

Pregunta #8

Acabamos de enterarnos de que la escuela de nuestros hijos introducirá clases de educación sexual. No estoy seguro de querer que mis hijos participen en ese tipo de discusión grupal. ¿Alguna sugerencia sobre cómo tomar la mejor decisión relacionada con enviar a mi hijo o mantenerlo en casa durante el día?

Pregunta #9

¿Cómo se explica a un niño pequeño por qué una niña soltera está embarazada? Mi hija sabe que la niña no está casada, entonces, ¿cómo resolvemos este conflicto en su mente?

Pregunta #10

¿Cómo se explica la pregunta»¿ De dónde vengo?» a un niño adoptado?

Pregunta #11

Si mantenemos a nuestros hijos moralmente protegidos al retenerles el conocimiento sexual, ¿cómo los protegemos de aquellos adultos que podrían tratar de aprovecharse de su ingenuidad?

Pregunta #12

Esperamos que nuestros hijos nunca se encuentren en esta situación, pero ¿cómo inculcamos en ellos un sentido de privacidad y precaución, cuando se trata de otros niños que quieren explorar cómo se ve el género opuesto?

Pregunta #1

Con respecto al uso de la flor, ¿comienzas con la Etapa de Información y luego solo esperas a que ocurra la segunda etapa, o deberías provocar alguna discusión que conduzca a la Etapa Curiosa?

Hay varias variables que influyen en la respuesta a esta pregunta, incluyendo a qué edad se introdujo por primera vez la fase de información, si se trata del primer o el sexto hijo de la familia, o si el niño fue expuesto prematuramente al conocimiento sexual antes de comenzar con la metodología indirecta.

Si un niño es introducido a la Fase Uno durante los años preescolares (edades 3-4), no hay necesidad de perseguir al niño con más preguntas para determinar si está listo para la Fase Dos. Las preguntas de la fase dos comenzarán a surgir naturalmente entre las edades de cinco y siete años. Lo mismo es cierto incluso si la fase uno se retrasó hasta que el niño tenía seis o siete años de edad. Las preguntas llegarán, pero vendrán antes.

Pregunta #2

¿Por dónde empezar si sus hijos son demasiado viejos para usar el método indirecto proactivo?

Los padres primero deben evaluar qué nivel de conocimiento sexual posee el niño, y la fuente de ese conocimiento. ¿Provinieron de compañeros en la escuela, el grupo de jóvenes o Internet? En segundo lugar, si la pregunta se refiere a un preadolescente, entonces señalaríamos a los padres al capítulo cuatro y la conversación que trata de la preparación para la pubertad. Si su hijo está más allá de la pubertad, entonces como padre, usted sólo puede ponerse a disposición para las preguntas que podrían venir a su manera.

Pregunta #3

¿Qué pasa si ya le hemos dicho demasiado a nuestro hijo, o hemos permitido que nuestro hijo se siente a través de clases de educación sexual patrocinadas por la escuela? Como padre, ¿cómo compensamos el conocimiento sexual con el que nuestro hijo ya está familiarizado?

El objetivo final para los padres desafiados por esta pregunta es doble: restringir o disminuir las oportunidades de conocimiento sexual adicional e inapropiado para llegar a su hijo, y aumentar el mensaje moral que puede ayudar a ese hijo o hija a manejar correctamente el conocimiento que ya han adquirido.

Para avanzar en sus metas, los padres primero deben evaluar qué nivel de conocimiento sexual posee su hijo y en qué medida el niño está actuando sobre ese conocimiento. El objetivo no es tratar de borrar el conocimiento presente (porque no se puede), sino crear un contexto moral saludable que pueda compensar cualquier desinformación recibida o información precisa obtenida prematuramente.

Al entender que las actitudes sexuales son un reflejo de la vida de pensamiento moral de una persona, los padres pueden comenzar por trabajar para "renovar la mente del niño" (véase Romanos 12:2). Esto se hace en parte filtrando cualquier cosa que socave el nuevo mensaje moral que mamá y papá están trabajando para inculcar. Esto puede incluir hacer un inventario de qué tipos de contenido de programación estamos permitiendo en nuestros hogares. ¿Contiene contenido romántico o contenido sexual? ¿Enfatiza las virtudes que quieres inculcar o los vicios que esperas evitar?

También se logra mediante la adopción de nuevas actitudes hacia el respeto por la privacidad (como se señala en el capítulo dos), un énfasis renovado en la pureza de los padres, y aprender más acerca de las personas que influyen continuamente en sus hijos. Por ejemplo, aunque "la mala compañía corrompe la buena moral" (1 Corintios 5:33), lo contrario también es cierto: la buena compañía alienta la buena moral. Asegúrese de que sus valores familiares estén siendo reforzados por la compañía que mantienen sus hijos, en lugar de que sus valores sean neutralizados por amigos y compañeros que no abrazan sus valores con el mismo fervor.

Es posible que no pueda restaurar la plenitud de su inocencia infantil, pero puede proteger lo que queda avanzando con precaución y una mayor conciencia de *la pureza y la virtud no solo tienen valores protectores, sino que también tienen propiedades curativas.*

Pregunta #4

¿Cuándo y cómo explicamos las palabras «argot sexual» a nuestros hijos? ¿O no decimos nada y simplemente esperamos a que nuestros hijos nos traigan algo?

En Romanos 16:19, el apóstol Pablo anima a los seguidores de Cristo a saber cómo se ve y suena "bueno", y a evitar cualquier conocimiento del mal. "Te haría sabio a lo que es bueno, y simple en cuanto al mal" (KJV).

La palabra "simple" se refiere a un nivel voluntario de ignorancia. En esencia, el mensaje implícito en el versículo responde a la pregunta. Es imposible iniciar una conversación sobre el lenguaje crudo sin exponer a los niños a ese lenguaje.

Sin embargo, nos damos cuenta de que incluso los niños que crecen en un entorno hogar que da vida en algún momento estarán expuestos a una palabra inapropiada o dos que encuentran su camino en el vocabulario de un niño. Estas palabras se recogen al azar de amigos, compañeros de equipo y contenido de los medios de comunicación y, finalmente, se escapan en casa. En algunos casos, el niño infractor no tiene idea de que la palabra es ofensiva o cruda, especialmente si se repite frente a mamá y papá sin un sentido de vergüenza o culpa. Esa es una señal segura de que el niño no entiende las implicaciones degradantes de la palabra.

En tales momentos, una pregunta casual sobre dónde (o de quién) el niño escuchó la palabra, y lo que el niño piensa que significa, ayudará a determinar cómo mamá o papá deben responder. En la mayoría de los casos, redirigir al niño a otra palabra más adecuada se encargará del asunto.

Para hacer el punto, podemos remontarnos a una ocasión en la que nuestra niña de ocho años y su amiga corrieron por el patio delantero gritando: "¡Estamos siendo violadas, estamos siendo violadas!" Una vez que nos pusimos al día con la niña en particular y le preguntamos sobre su uso de la palabra "violación", pronto nos dimos cuenta de que no tenía idea de su significado específico, ni estábamos hablando de decirle.

En su mente de ocho años, la "violación" significaba que iban a ser atacados por su hermana y su prima. Todo fue diversión y juegos, pero le instruimos que usara la palabra "ataque", porque "violación" no es una palabra que usamos en nuestra familia. Ese fue el final de la conversación y la palabra "violación" no se convirtió en parte de su lenguaje común.

A nuestra manera de pensar, la "violación" no es un concepto en el que los niños pequeños deban tener que entretenerse mentalmente. Eso no significa que no sea un tema importante para la discusión pública, pero sí significa que no es un tema adecuado para un niño de ocho años.

Los niños, al igual que sus padres, deben llegar a entender que el lenguaje que utilizan en última instancia los define como individuos, y también define a su familia. Cuanto más versados estén los niños con la virtud, menos desearán identificarse con palabras que sean degradantes o crudas.

Pregunta #5

Al leer las Escrituras a nuestros hijos más pequeños, ¿cómo tratamos con los pasajes que tienen contenido sexual?

En nuestro hogar, no nos saltamos los versos que contenían contenido sexual, pero sí cambiamos cualquier palabra que considerábamos inapropiada, dada su edad y nivel de comprensión moral. Por ejemplo, en la versión king james de la historia de Dinah y Siquem (Génesis 34), el texto dice: "Él la tomó y se aferró a ella y la mandó". La Biblia Viviente dice: "Él la arrasó y la violó".

"Profanación", "violación" y "acostarse con" no son conceptos de sugarplum. Son actos profundos y preocupantes que ningún niño pequeño debería tener que meditar. En tales casos, comúnmente sustituimos palabras que reflejaban la intención del pasaje sin introducir a nuestros hijos a una nueva categoría de pensamiento sexual. Declarar que Siquem trató a Dinah "mezquinamente" o "duramente" todavía transmitía un tratamiento inapropiado y una falta de respeto. La historia se mantuvo intacta y la inocencia de nuestros hijos fue protegida.

Pregunta #6

¿Qué pautas generales ofrecen para los hermanos que se bañan juntos?

Aquí sugerimos que los padres revisen sus objetivos a largo plazo relacionados con la pureza y la comprensión saludable de la privacidad. Si los padres esperan inculcar en el corazón y la mente de sus hijos una actitud de modestia y decoro, ¿qué acciones ayudarán a facilitar el logro de esas metas? En lo que se refiere a los niños que se bañan juntos, no creemos que los niños pequeños o preescolares estén en peligro de perder su inocencia infantil porque se bañan entre sí. Sin embargo, llega un momento en que los hermanos deben comenzar a tomar sus propias duchas o baños, especialmente los niños del sexo opuesto.

Nuestra recomendación aquí tiene menos que ver con lo que quieres evitar y más que ver con lo que quieres ganar. Su objetivo es inculcar dentro de cada niño un sentido saludable de privacidad personal que alimenta un sentido aún más saludable de la modestia. Los tiempos de baño o ducha independientes son una forma práctica de lograr ese objetivo.

¿A qué edad debe un niño comenzar a bañarse solo? Esa respuesta debe guiarse por las preocupaciones en materia de salud, seguridad y limpieza. ¿A qué edad su hijo será capaz de bañarse o ducharse de forma segura por sí mismo, y realmente limpiarse y sin usar media botella de champú en el proceso? Desde nuestra experiencia, la mayoría de los niños son capaces de auto-bañarse a las edades de cuatro o cinco años, aunque todavía se puede requerir algo de ayuda antes y después del baño de mamá y papá.

Pregunta #7

¿Cuáles son sus pensamientos sobre los padres que se bañan con sus hijos, especialmente con un niño del sexo opuesto?

¿Qué madre o padre apresurado no ha llevado en ocasiones a su pre-niño a la ducha con ellos por conveniencia? Muchos de nosotros hemos hecho exactamente eso. Sin embargo, lo común de esta pregunta está más ligado a una práctica de baño de padres e hijos juntos como un tipo de educación sexual, con la práctica llevada más allá de los años preescolares. Personalmente, no somos fanáticos de este método de educación sexual, especialmente cuando se hace con niños del sexo opuesto.

Los hombres y las mujeres experimentan la excitación sexual de manera muy diferente. En lo que se refiere a los hijos que se bañan con mamá, surgen problemas, porque la libido de un niño pequeño (como papá) se activa por señales visuales. Los impulsos sexuales masculinos son desencadenados por la vista. No es un interruptor que se pueda apagar, pero es uno que se puede controlar. La mayoría de los hombres tienen el autocontrol que les impide actuar sobre un impulso sexual, pero los niños en edad preescolar carecen de suficiente autocontrol para manejar lo que ven sus ojos. Las sensaciones rutinarias y aumentadas se convierten en frustraciones que buscan la satisfacción. Esto puede conducir y conduce a la victimización de hermanos y amigos.

Los padres y las hijas juegan un poco diferente, pero no para bien. Las hijas tienen un sentido innato de amor propio. Bañarse con papá puede empujar fácilmente la aguja del amor propio a la vergüenza. Una vez que la emoción de la vergüenza se activa, se vuelve muy difícil aprovechar su poder destructivo. En ambos casos, la conclusión es la siguiente: El riesgo de daño emocional supera cualquier conocimiento físico útil que se pueda obtener, y, como tal, no recomendamos esa práctica.

Pregunta #8

Acabamos de enterarnos de que la escuela de nuestros hijos introducirá clases de educación sexual. No estoy seguro de querer que mis hijos participen en ese tipo de discusión grupal. ¿Alguna sugerencia sobre cómo tomar la mejor decisión relacionada con enviar a mi hijo a la escuela o mantenerlo en casa durante el día?

Ya sea que se trate de un plan de estudios de Sex-Ed patrocinado por la escuela o de un orador invitado que visita el grupo de jóvenes de la iglesia, la decisión de dejar que su hijo participe depende de la medida en que usted se vea a sí mismo como el guardián y dispensador de conocimiento sexual. El argumento de que los niños necesitan saber cómo tener relaciones sexuales seguras no es un argumento legítimo para un niño que asiste.

Cualquier padre preocupado por que su hijo de 13 años experimente con el sexo debe, por todos los medios, enviar a su hijo o hija, y orar para que se reciba algún mensaje preventivo que valga la pena. Sin embargo, si el lector es como la mayoría de los padres dentro de la comunidad más amplia de Growing Families, su capacitación hasta este punto reduce significativamente la posibilidad de que su hijo necesite una charla de "sexo seguro" en este momento de su vida.

Si usted todavía está en la cerca acerca de su decisión, entonces piense en ello desde la perspectiva de su hijo. Un estudio exhaustivo del *British Medical Journal*, puede arrojar algo de luz sobre las actitudes de los estudiantes con respecto a los planes de estudios de educación sexual en laescuela. En un estudio retrospectivo, los investigadores analizaron más de 55 estudios cualitativos que examinaron las opiniones de jóvenes, en su mayoría de 12 a 18 años, que habían recibido educación sexual y de relaciones en escuelas de los Estados Unidos, reino unido, Irlanda, Australia, Nueva Zelanda, Canadá, Japón, Brasil y Suecia entre 1990 y 2015. La conclusión es elocuente. A pesar de las diferencias sociales y culturales y de un período de tiempo de 25 años, las opiniones compartidas fueron notablemente coherentes. Descubrieron que la educación sexual patrocinada por la escuela era una mala experiencia para los estudiantes, ¡y la mayoría de los que respondieron deseaban no haber participado nunca en ella![1] Parece que incluso los estudiantes reconocen cuando los educadores cruzan la línea.

Sin duda, el mundo de un preadolescente y adolescente es mucho más complicado que el de un niño pequeño, y a veces las decisiones que se le pide a un padre que tome en nombre de su hijo conlleva algún nivel de riesgo.

¿Cuánta certeza tiene de que su decisión de enviar o retener a su hijo de un evento de enseñanza es la decisión correcta? ¿Cómo sabes si han sopesado o has sopesado correctamente todos los riesgos potenciales asociados con una respuesta «Sí» frente a todos los beneficios potenciales de una respuesta «No»? ¿Cómo sabe si un «No» es demasiado limitante o poco realista, por no mencionar la decepcionante para que su hijo lo escuche? En el Apéndice C, proporcionamos una estrategia viable para ayudar a los padres a tomar la decisión correcta para sus hijos, con la confianza de que también es la mejor decisión que se puede tomar. Creemos que el lector encontrará que este es un recurso valioso durante muchos años por venir.

Pregunta #9

¿Cómo se explica el embarazo de una niña soltera, si sus hijos saben que el matrimonio es el primer paso antes de tener hijos?

A veces, el embarazo de una niña soltera se convierte en un dilema para los niños pequeños, que sólo conocen la secuencia de eventos ordenada por Dios, que primero viene el amor, luego el matrimonio y luego los hijos. Cuando se interrumpe esta secuencia, los niños miran a mamá y papá en busca de respuestas. Una respuesta viable es esta: A veces las personas que no están casadas actúan como si estuvieran casadas, y cuando eso sucede, a veces la niña se encuentra embarazada antes de casarse. Si nos enfrentamos a esta pregunta, aconsejamos a los padres que mantengan el enfoque en el diseño de Dios, porque eso es lo mejor para todos.

Pregunta #10

¿Cómo se explica la pregunta»¿ De dónde vengo?» a un niño adoptado?

En lo que se refiere a la biomecánica de su nacimiento, la respuesta para el niño adoptado sigue los mismos ejemplos que se ofrecen a una descendencia biológica. La analogía de las flores sigue siendo el lugar para comenzar. Sin embargo, no responde a la pregunta de "adopción", "¿De dónde vengo?"

Cuando un niño pregunta sobre su adopción, alentamos a los padres a medir sus respuestas en función de la edad y la comprensión del niño. Sea honesto con el niño, pero también tenga cuidado, cuando se trata de los diversos detalles que podrían rodear la adopción. No todo sobre las circunstancias necesita ser explicado la primera vez que se plantea la pregunta (suponiendo que el niño tiene la edad suficiente para entender lo que significa ser "adoptado").

Para aquellos niños que solo conocen a sus padres adoptivos, pero tienen curiosidad por saber cómo se metieron en la barriga de su madre biológica, entonces la Fase Dos de la analogía de la flor sigue siendo una forma apropiada de satisfacer la pregunta. La diferencia está en la terminología. En lugar de decir "creciste en la barriga de mamá", los padres adoptivos harían referencia a la "barriga" de la madre biológica. Si el niño no busca respuestas adicionales, más allá de lo que usted proporcionó, entonces no se preocupe por ello. Sin embargo, podemos asegurarle, que en algún momento en el futuro, el niño lo perseguirá para obtener más información sobre la adopción.

Pregunta #11

Si mantenemos a nuestros hijos moralmente protegidos al retenerles el conocimiento sexual, ¿cómo los protegemos de aquellos adultos que podrían tratar de aprovecharse de su ingenuidad?

Creemos que en realidad es más ingenuo asumir que proporcionar a los niños pequeños un conocimiento integral de la actividad sexual de alguna manera los mantendrá a salvo de los depredadores sexuales. Estadísticamente, los niños que poseen prematuramente tal conocimiento sin la capacidad moral de regular ese conocimiento tienden a experimentar, y es a través de la experimentación que estos niños se exponen a situaciones peligrosas y se vuelven más propensos a ser aprovechados.

El peligro extraño es un tema diferente de discusión y se ocupa más de las preocupaciones por la seguridad del niño que del conocimiento sexual general. No existe ninguna correlación que vincule el aumento del conocimiento sexual con una disminución en el riesgo de convertirse en un objetivo o víctima de depredadores sexuales, ya sea un adulto o una niñera. En contraste, hay un número suficiente de estudios que demuestran que lo contrario es cierto.

Pregunta #12

Esperamos que nuestros hijos nunca se encuentren en esta situación, pero ¿cómo

inculcamos en ellos un sentido de privacidad y precaución, cuando se trata de otros niños
que quieren explorar cómo se ve el género opuesto?

No es raro que los niños entre las edades de cuatro y siete años participen en juegos que son aparentemente de naturaleza sexual. Los niños hacen esto por dos razones; ninguna de las dos razones es necesariamente correcta, pero la primera es más legítima que la segunda.

En primer lugar, los niños tienen una búsqueda para satisfacer su curiosidad sobre el sexo opuesto. Piense en lo que está pasando por la mente de su hijo cuando él o ella entretiene estos pensamientos curiosos. Lo que debería estar pasando por su mente es la voz de mamá o papá, un susurro recurrente y amoroso de que "las partes de su cuerpo privado no deben ser vistas por nadie más que mamá o papá ahora, y (si tienen la edad suficiente para saber) en el futuro su esposo o su esposa". Estos son ecos que deberían sonar desde los primeros años.

En segundo lugar, la estimulación sexual excesiva que se encuentra en la publicidad, la televisión y las revistas coloca al joven en una posición vulnerable. Como resultado, el niño se vuelve hipersensible a los pensamientos románticos y, tal vez, sexuales y busca actuar sobre sus sentimientos prematuros. Una vez más, alentamos a los padres a tener cuidado con el contenido de programación que permiten que sus hijos vean. Lo que un padre permite en el hogar afectará el estándar moral de la familia.

Capítulo 6
Estimulación Auto-Sexual y Pornografía

La mayoría de los padres en nuestro esfera de influencia viven de acuerdo con un conjunto de códigos de civilidad centrados en la virtud, especialmente en los asuntos que rigen el habla y el lenguaje. Como tal, encuentran algunas palabras conversacionalmente inapropiadas u ofensivas. Esto es especialmente cierto del lenguaje unido a los tabúes sociales relacionados con el pecado sexual. Tener una conversación sobre la gratificación sexual obtenida únicamente a través de la estimulación autodirigida del propio cuerpo entra en esta categoría.

La práctica humana de *la autoestimulación* (*también conocida como: autoerotismo, auto-sexing, masturbación*) es tan antigua como la humanidad, con referencias masculinas y femeninas que se encuentran en la literatura histórica, pinturas e incluso obras de teatro de la antigüedad. Por antigua que sea la práctica, no hay una explicación universalmente aceptada para algo que es tan privado y, sin embargo, inflige tanta culpa a la conciencia, lo que hace que la tarea de explicarlo sea mucho más difícil. ¿Puede algo estar mal si Dios no lo identifica definitivamente como incorrecto, y puede algo ser aprobado, si gran parte de la población mundial se siente culpable por someterse a él? No deseamos crear una libertad que Dios no concede, ni una restricción que Dios no aborda específica y directamente.

Más adelante en este capítulo abordaremos algunas de las preocupaciones neurológicas que están vinculadas a la gratificación auto-sexual y la pornografía. El cerebro es un instrumento increíble de la creación, pero puede ser abusado. Vamos a explicar cómo. Primero, sin embargo, exploraremos los pasajes de las Escrituras comúnmente asociados con la estimulación auto-sexual. ¿Qué dice o no dice la Biblia acerca de este tema? Comencemos con el Antiguo Testamento.

El pecado de Onan

Dentro de varias sectas del judaísmo, el islam y algunas corrientes de pensamiento cristiano, la práctica está mal vista, pero no se basa en una prohibición bíblica directa, sino en una inferencia hecha de la historia del Antiguo Testamento de Onán (Génesis 38). Onán era el hijo de Judá y tomó por novia a la viuda de su hermano fallecido. Durante la época de los patriarcas, si un hombre moría sin hijos, se convertía en la responsabilidad de un hermano casarse con la viuda y criar a un hijo que recibiría la herencia perteneciente al padre fallecido. Onan estaba dispuesto a tener relaciones sexuales con la esposa de su hermano, pero no estaba dispuesto a engendrar un hijo. La Biblia dice que Onán "desdjó su simción en el suelo para no dar descendencia a su hermano" (Génesis 38:9).

La mayoría de los teólogos dentro de la comunidad cristiana ven el "pecado de Onan" como un intento egoísta y codicioso de defraudar a los herederos potenciales de su hermano de su futura herencia. Como tal, la ley no tiene ninguna asociación relevante con la estimulación auto-sexual. Los autores creen que esa es la interpretación correcta del pasaje de Génesis 38.

Las Escrituras no proporcionan ninguna prohibición específica en el Antiguo o el Nuevo Testamento en relación con la estimulación auto-sexual. De hecho, la palabra griega histórica y específica para la masturbación, *"anaphlan"*, no aparece en el Nuevo Testamento.

Pureza del pensamiento

Si una prohibición se va a hacer de las Escrituras, debe venir de pasajes generales. Por ejemplo, podría estar vinculado al llamado de Dios a la pureza del pensamiento. En otras palabras, el agente profanador no es tanto el acto de gratificación auto-sexual, como es el proceso de pensamiento lujurioso que puede acompañar el acto. Las Escrituras son claras acerca del significado y la aplicación de la pureza, tanto en referencia al cuerpo como a la mente.

En Mateo 5:27-28, Jesús dijo que sólo tener pensamientos "lujuriosos" cruza la línea en el pecado. En Colosenses 3:5, el apóstol Pablo dijo: "Por lo tanto, da muerte a todo lo que pertenece a tu naturaleza terrenal: inmoralidad sexual, impureza, lujuria, malos deseos y avaricia, que es idolatría" (NVI).

Lo que está en duda es si estos versículos son suficientes para atribuir una prohibición a la masturbación. En la medida en que los pensamientos lujuriosos están involucrados, creemos que la respuesta es: "Sí". Se encuentra evidencia adicional con el uso de las palabras "inmoralidad sexual", como se señala en 1 Corintios 6:8, y 1 Tesalonicenses 4:2-4. Aunque, estos versos están especialmente atados a las relaciones sexuales ilícitas, incluyendo el adulterio, la homosexualidad, el lesbianismo y la bestialidad, la palabra griega específica utilizada para "inmoralidad" es *porneia,* (de la que se deriva la palabra pornografía). Parece razonable, entonces, asumir que cualquier forma de gratificación auto-sexual influenciada por la pornografía o por las fantasías sexuales de alguien que no es su cónyuge cae en la categoría de pensamientos impuros y expresiones lujuriosas.

Sin embargo, ¿qué pasa si la práctica no está motivada o rodeada de imágenes o pensamientos sensuales? ¿Y luego qué? Aquí debemos recurrir a un precepto interpretativo que dice: "Si Dios no creó expresamente una prohibición, entonces el hombre no puede crear arbitrariamente una en Su nombre".

El factor edad

Sin embargo, hay otros factores a considerar, como la edad y los niveles de madurez moral. El pañal de un niño de dos años comienza a presionar sobre un área sensible, evocando sentimientos placenteros. El niño entonces descubre una manera de recrear el mismo placer con su mano. Ahora compare eso con el adolescente despertado por sus frecuentes visitas a un sitio de pornografía. Claramente, los dos ejemplos no son moralmente iguales, pero ambos a menudo se clasifican como *masturbación*. Creemos que eso es desafortunado, porque la palabra deja poco espacio para distinguir el comportamiento inocente que necesita orientación y el comportamiento sexualmente ofensivo que necesita corrección.

El niño de dos años está respondiendo a una sensación placentera, pero sin la ayuda de un código moral o el autocontrol necesario para manejar ese código. El adolescente tomó la decisión moral de dejar de lado el autocontrol mientras abrazaba imágenes lujuriosas para crear una sensación sexual que exige ser satisfecha. Hacemos esta distinción, porque el método y los motivos para corregir son diferentes. La primera consiste en la orientación de precaución; la segunda pide alguna advertencia educativa. (A medida que avancemos, continuaremos distinguiendo entre las conductas que pertenecen a niños pequeños y las que pertenecen a niños preadolescentes y adolescentes).

TRES DISPARADORES

En lo que se refiere a los niños y la autoestimulación, hay tres ocasiones en las que los niños pueden caer presa del poder de la excitación sensual o excitación, que no están vinculados a los sentimientos sexuales. Los sentimientos sexuales son el producto del conocimiento sexual. Sensación sensual, es la respuesta del cuerpo al placer.

El primer desencadenante viene temprano en la infancia y tiende a ser más frecuente entre las niñas que entre los niños, simplemente porque los niños pequeños carecen de líquido seminal que permita que tal placer físico se realice. En cualquier caso, en ambos casos, el descubrimiento inicial de una acción placentera siempre es accidental. Dado que los niños pequeños carecen de conocimientos sexuales, los niños en edad preescolar no están "técnicamente" actuando sexualmente. Simplemente han descubierto una sensación placentera.

El segundo desencadenante viene alrededor de la pubertad, y comienza a afectar a los niños más que a las niñas. La producción repentina, rápida y errática de espermatozoides desencadena la expansión y las contracciones del órgano privado de un hijo. Es durante estos tiempos, que un toque accidental de sus pantalones o mano desencadena un misterio placentero que conduce a una sensación que no puede ser negada o suprimida. Es la naturaleza haciendo su trabajo. Para los hijos, una vez que se libera el primer espermatozoide, no hay vuelta atrás en el reloj. La excitación sexual puede ser accidental, pero satisfacerla se convierte en una respuesta aprendida.

El tercer desencadenante se produce durante la mitad y después de la pubertad y está vinculado a la conciencia en ciernes del niño de los asuntos sexuales. Aquí es cuando los deseos normales se mantendrán bajo control por el mensaje de pureza de mamá y papá, apoyado por el autocontrol del adolescente, o el niño comenzará a ceder a los impulsos adictivos que pueden conducir a un comportamiento autodestructivo. La adicción (etimología: ser esclavizado o en esclavitud a) implica intensos antojos de placer que son tan poderosos que ni siquiera la conciencia de las consecuencias adversas puede anular la búsqueda de satisfacer los impulsos de placer.

No hay nada malo en que el cerebro reconozca el placer, pero ya sea comida, alcohol o placer sexual, hay una delgada línea que separa los placeres "comunes" del comportamiento compulsivo y adictivo. Una vez que se cruza esa línea, los efectos negativos de la dopamina comienzan a tomar el control.

El efecto de la dopamina

Si bien un comportamiento no puede ser "técnicamente" clasificado como pecaminoso, eso no significa que esté vacío de efectos secundarios o consecuencias negativas, como la formación de hábitos que comienzan a desencadenar necesidades en falta de satisfacción. Aquí entramos en el reino de la mente. ¿Qué efectos podría tener el auto-juego o el autoerotismo en la salud neurológica de una persona y eventualmente en la salud de todas las relaciones asociadas?

La dopamina es sólo uno de los muchos neurotransmisores (sustancias químicas) producidos en el cerebro. Entre otras cosas, es responsable de encender y apagar el "centro de placer" del cerebro. El cerebro del hombre está cableado para buscar placer, y el deseo de placer motiva el comportamiento. Sin embargo, si una sensación de placer particular se repite una y otra vez, la dopamina comienza a enviar señales de placer "anticipatorias". Eso significa que solo la idea de satisfacer una compulsión produce recompensas de placer que se vuelven tan convincentes que la persona inevitablemente se entrega al impulso.

Aquí hay un ejemplo de cómo sucede. Acabas de recoger esa pizza de cinco quesos y la colocaste en el asiento de al lado. A medida que conduce a casa, los deliciosos olores comienzan a llenar sus sentidos, lo que desencadena recuerdos placenteros de experiencias anteriores. Son esos recuerdos de pizza anteriores los que desencadenan sensaciones placenteras y buenas, a pesar de que aún no has tomado un bocado.

Entonces, ¿cuál es la preocupación? En lo que se refiere a la comida y específicamente a nuestra pizza de cinco quesos, la preocupación es comer seis piezas en lugar de dos, porque el centro de placer sigue diciendo: "Comer más es igual a más placer". En el curso normal de la vida, las recompensas vienen naturalmente con tiempo, esfuerzo y, sí, moderación. Sin embargo, en el caso de la adicción, ya sea comida, alcohol o compulsiones sexuales, el "placer anticipatorio" desencadena la liberación de oleadas de dopamina más altas de lo normal. Con el fin de compensar la dopamina "extra" utilizada durante las oleadas de placer extremo, el cerebro responde haciendo *menos* dopamina disponible durante los tiempos normales.

Ahí es cuando comienza un círculo vicioso. Cada nueva dopamina "alta" se compensa con una dopamina correspondiente "baja". Llega un punto en el ciclo bajo, cuando la función cerebral "normal" es secuestrada por la depresión, la ansiedad, la incapacidad para manejar el estrés, la pérdida del estado de alerta cognitivo, la fatiga y la búsqueda de comportamientos más adictivos para satisfacer la sensación de pérdida e insatisfacción con la vida. Así es exactamente como se desarrolla el ciclo con una adicción a la pornografía.

Dopamina y pornografía

Aquellos que no luchan con la pornografía, porque eligen evitarla, pueden preguntarse cómo alguien puede sentarse durante horas viendo imágenes lascivas. Una respuesta está ligada al poder de la "sensación anticipatoria de sentirse bien" creado por la dopamina. La pornografía hace que el cerebro libere rápidamente altas dosis de dopamina en un corto período de tiempo. Sin embargo, al igual que una droga callejera farmacológica, el placer de la "primera subida" era fácil, y la compensación "baja" era muy manejable. El placer de la segunda subida requería un poco más de sensación de placer para volver a la máxima original, y la baja compensatoria comenzó a realizarse. Hay una tercera vez y una cuarta vez. Cada vez que sucede, los bajos de dopamina se vuelven más dominantes, desencadenando un deseo de más placer. Ahora, en lugar de cada dos semanas, la persona está moviendo su hábito a una vez a la semana. Luego, una vez a la semana, a una vez al día, a dos veces al día. Ahora, ninguna imagen puede satisfacer. La persona debe perseguir imágenes aún más emocionantes y explícitas para estimular los sentidos y alcanzar un placer alto. Eventualmente, nada puede satisfacer los antojos, y la depresión se hace cargo.

Ahora, volvamos a su hijo o hija y a la satisfacción auto-sexual. Lo que no estamos diciendo es que la estimulación auto-sexual conduce inevitablemente a la depresión. Lo que estamos diciendo es que los niños que se vuelven adictos a la práctica lo hacen porque buscan satisfacer algo que se encuentra en sus cabezas, no en sus ingles. El auto-sexing es la forma en que satisfacen los sensores de placer del cerebro.

Dibujar la línea

Hay una línea que separa los placeres simples de la adicción, pero nadie sabe dónde se debe trazar esa línea. Lo que sí sabemos es que una vez que un adolescente (o niño) cruza a un lado de la adicción, entonces él o ella comenzará a buscar formas más exóticas de satisfacción, y es cuando la vida se vuelve insalubre y llena de riesgos.

¿Qué puede influir en la adicción sexual? En esta era digital actual, es la facilidad con la que se puede obtener pornografía. Considere estas estadísticas:

El 37% de los datos de Internet contienen contenido sexualmente explícito. [1]

El 42% de la pornografía en línea es consumida por adolescentes entre 15 y 18 años de edad. [2]

El 36% de la pornografía en línea es consumida por niños entre 11 y 14 años de edad. [3]

El 22% de la pornografía en línea es consumida por niños entre 10 años de edad y menores. [4]

Actualmente, los niños son introducidos por primera vez a alguna forma de pornografía a la edad de nueve años. [5]

Por cada 1 película cinematográfica hecha, hay 11,000 películas porno. [6]

Según Google Analytics, las búsquedas de pornografía aumentan en un 4.700% después de que los niños dejan la escuela por el día.

Es evidente que no vivimos en una cultura favorable a los niños. Los sitios pornográficos en línea son numerosos y ubicuos y se pueden descargar fácilmente en cualquier dispositivo que se encuentre en la palma de la mano de su hijo adolescente o preadolescente. (Si no es la mano de su hijo, entonces ciertamente la mano de un compañero que está dispuesto a compartir con su hijo).

Estímulos y Advertencias

¿Cuál es nuestra conclusión al respecto? Independientemente de cómo lo llames (estimulación auto-sexual, autoerotismos, masturbación, auto-sexting o auto-juego), hay algunos desencadenantes bioquímicos naturales. Sin embargo, el entorno del hogar, las influencias de los compañeros y la disponibilidad de estímulos sexuales sin censura, coloca a un niño en una batalla en la que la mente puede ser conquistada fácilmente.

Esto nos retrocede a los fundamentos de esta serie. La creación de un entorno hogar que da vida y que está familiarizado con la virtud, donde se muestran la modestia y la privacidad, y donde se protege la inocencia de un niño, establece barreras protectoras que impiden que el conocimiento sexual intrusivo tome el control del niño, hasta que el niño sea lo suficientemente mayor y fuerte como para emplear sus propias estrategias de protección. Al final, la estimulación auto-sexual es un asunto intensamente personal que no puede llevar a ninguna parte, o puede tener amplias ramificaciones en la salud y las relaciones de uno y llevar a todas partes, excepto a lugares que son buenos.

Una pregunta, muchas respuestas

Hay tanta confusión en estos días en torno al tema de la "estimulación auto-sexual". Los consejos para lidiar con él van desde "no hacer nada" hasta graves consecuencias. La verdad, sin embargo, rara vez se encuentra en los extremos. Concluimos esta conversación proporcionando algunas formas prácticas en que los padres pueden lidiar con los hábitos de auto-juego de un niño. Nuestras sugerencias comienzan con los años preescolares y subiendo de edad a partir de ahí.

1. Independientemente de la edad, trate el asunto verbalmente, siempre preservando la dignidad del niño. No etiquete las acciones como "incorrectas", sino que se refiera a la acción como inapropiada. Decir que

"auto-juego" está mal puede crear una poderosa prohibición que puede llevar a un niño en edad preescolar a esconderse, y eso no va a ayudar a nadie.

2. Evita la actitud: "Es natural, no hagas gran cosa con eso. Que el niño se divierta". Si bien no estamos alentando a los padres a hacer un gran negocio de ella, estamos alentando a los padres a no descartarlo al no inculcar dentro del niño un sentido de decoro y algunos límites. Hemos sido testigos personales del peligro asociado con el enfoque excesivamente relajado. Sin límites que guíe al niño, *un placer descubierto se convierte en un placer a menudo "perseguido,* independientemente de quién esté alrededor". Hay algunos niños que pondrán su *auto-juego* en *exhibición* independientemente del lugar o de las personas presentes. No lo hacen para presumir, sino porque no pueden ayudarse a sí mismos. Impulsado por una fiebre de dopamina, su necesidad de autogratificación es mayor que su sentido de la propiedad para controlarlo. Como resultado, se vuelven vulnerables a los depredadores que buscan aprovecharse de su ingenuidad, o a los compañeros de clase que se burlan y avergüenzan.

3. Al observar a un niño pre-niño involucrado en el "auto-juego", distraiga con un juego con el que sus manos pueden llegar a estar ocupadas. Aquí, un padre está empleando la técnica de sustitución en lugar de supresión. Está sustituyendo una acción por otra. El juego más algunas instrucciones suaves podrían ser todo lo que se necesita. En este caso, una simple frase, "¿Puedes mostrarme autocontrol?" hará el trabajo.

4. Cuando se trata de niños más pequeños entre pañales y preescolar, hay algunos artículos de ropa a considerar. Con respecto al niño todavía en pañales: A veces la presión de un pañal "lleno" presiona contra la anatomía creando una sensación agradable, que despierta dentro de un niño una conciencia de que se puede crear una presión similar con sus manos. Como resultado, el niño puede intentar duplicar la sensación. Piense en la preparación de su hijo para el entrenamiento para ir al baño. (Puede ver nuestro video *de Entrenamiento para ir al baño 1-2-3* en línea en GrowingFamilies.Life).

5. Con los niños en edad preescolar, los padres pueden simplemente quitarle la mano al niño mientras dicen con calma: "Tocarse así no es apropiado".

La palabra "con calma" es significativa. Una vez que un padre inyecta emociones en el momento, el tacto "inapropiado" se convierte en un toque "incorrecto". Solo está mal si empiezan a tocar a otros niños, pero es inapropiado cuando se tocan a sí mismos. Padre con sabiduría, no con tus emociones.

6. Si el niño ya está entrenado para ir al baño, asegúrese de que la ropa interior no esté demasiado apretada, y lo mismo ocurre con su ropa exterior (pantalones cortos o pantalones vaqueros). Una vez más, la estimulación inicial suele ocurrir de forma muy inocente.

7. Tome nota cuando el niño se involucre en el "auto-juego". Esto sucede a menudo cuando el niño está "aburrido" o cansado. Demasiados videos o clips de YouTube pueden crear aburrimiento.

8. Mantenga su disciplina consistente. Como padre, no ponga énfasis en corregir el auto-juego de un niño, si no está corrigiendo consistentemente otros comportamientos inaceptables. De lo contrario, sin querer estará poniendo un mayor énfasis en el hábito.

9. Cuando se trata de un niño (5-10 años de edad), que está obsesionado con el auto-juego, buscar los disparadores externos, (Internet, vídeo y programación de televisión), y trabajar para eliminarlo. Además, como padre, manténgase consciente de lo que está usando alrededor de la casa, en la piscina o en público en general. No hay nada de malo en usar ropa que sea "atractiva", pero por el bien de sus hijos y otros, no desea que esa ropa sea "atractiva". Los niños preadolescentes son curiosos y muy sensibles a la exposición menos que modesta de la anatomía femenina. Eso es cierto si es mamá o la vecina preadolescente de al lado.

Capítulo 7
Las muchas caras de la Homosexualidad

No la conversación relacionada con el desarrollo sexual saludable estaría completa sin considerar la influencia que el activismo homosexual / transgénero está teniendo en los valores culturales y familiares. En esta era actual de tolerancia y corrección política, ¿cómo se toma una posición sobre un valor respaldado por Dios, pero no por la sociedad, o un valor respaldado por la sociedad que no está respaldado en las Escrituras? ¿Cómo explicas las diferencias a tus hijos y cuándo?

Para la mayoría de las personas, los desafíos asociados con la homosexualidad y el transgenerismo no son infundados. Estos son amigos, compañeros de trabajo o posiblemente miembros de la familia con los que compartimos comidas y de los que tenemos buenos recuerdos. Jugábamos juntos, reíamos juntos y nos apoyábamos en tiempos de necesidad. Sabemos que son amables, generosos y laboriosos. Entonces, un día, escuchamos que eligieron un estilo de vida "alternativo". ¿Cómo te sientes acerca de esa persona ahora? ¿Se puede comunicar un mensaje de aceptación de la persona sin condonar el comportamiento?

De ninguna manera se trata de un tema ligero. Es divisivo, confuso, multifacético y fácilmente manipulado. Una conversación casual con un amigo o incluso un extraño puede provocar tanto dolor como ira, tanto orgullo como vergüenza. Incluso entre las voces profesionales consideradas las más calificadas para hablar sobre el tema, hay un consenso limitado con respecto a la naturaleza y el origen de la homosexualidad, el transgenerismo o si deben clasificarse como un derecho civil, un mal moral o una condición de la mente que necesita terapia.

Aunque ha habido un cambio considerable a lo largo de los años en las actitudes sociales con respecto a las relaciones entre personas del mismo sexo, sigue habiendo un porcentaje muy grande de padres que comparten preocupaciones significativas relacionadas con el reclutamiento y el activismo en constante expansión que se encuentran dentro de la comunidad

"LGBTTQQIAAP". Estas iniciales representan Lesbiana, Gay, Bisexual, Transgénero, Transexual, Queer, Cuestionamiento, Intersexual, Asexual, Aliada, Pansexual. En el futuro, los diversos subgrupos estarán representados por las iniciales genéricas: LGBTQ (Lesbian-Gay-Bisexual-Transgender-Queer).

Las voces preocupadas no son sólo los padres que adoptan un sistema de creencias basado en la fe. Incluso los padres que simpatizan con el componente de derechos civiles del movimiento de la derecha gay todavía desean que sus propios hijos salgan "heterosexuales". [1]

En el sector controlado por el sector público (escuelas públicas, universidades y algunos centros educativos privados), los padres tienen poca o ninguna voz en este debate. Su opinión solo es válida si apoya políticas sociales que estén a favor del activismo gay. Disentir no es una posición "aprobada" y hace que cualquier preocupación de oposición sea indigna de discusión.

Si bien este capítulo no cambiará la política pública, oramos para que la información contenida en ella ayude a las familias individuales a comprender mejor los desafíos asociados que enfrentarán sus hijos. Los padres bien informados tomarán decisiones más sabias y sabrán cómo extender su influencia protectora a sus hijos. Confiamos en que ese será el resultado final de este y de los dos próximos capítulos.

Si bien hay algunos paralelismos, también hay diferencias entre la patología de la homosexualidad y la transexualidad. En aras de la claridad, estamos asignando a cada estilo de vida su propio capítulo. La homosexualidad será el tema principal aquí, en el capítulo siete, la transgenerismo en el capítulo ocho. El capítulo nueve concluye con una serie de preguntas y respuestas relacionadas con la crianza de los hijos en la era del activismo gay. *¿Qué* les dices a tus hijos, *cómo* les dices y *cuándo* les dices?

El Plan

Confesamos que este no es el tema más fácil de explicar, ya que está entretejido con hilos morales, emocionales, políticos, sociales y religiosos. Tira de un hilo y distorsionas el tejido de todo el debate. Por esa razón, deseamos proporcionar al lector un esquema general de este capítulo y explicar cómo abordaremos este tema. El capítulo se divide en cuatro segmentos.

El primer segmento (The Bias Divide) presenta los cuatro sesgos principales que contribuyen al debate. En esta sección se incluye una conversación ampliada sobre la influencia de la corrección política y cómo da forma y explota a la opinión pública.

El segundo segmento (¿Comportamiento adoptado o producto del nacimiento?) considera si una persona elige la homosexualidad o la homosexualidad elige a la persona. ¿Es la homosexualidad o el transgenerismo los productos de la genética, o son comportamientos compensadores desencadenados por eventos emocionales en la infancia? ¿Hasta qué punto juega el "libre albedrío" en la forma en que una persona decide vivir su vida?

El tercer segmento (Poner las estadísticas en perspectiva) profundiza en algunas comparaciones estadísticas que demuestran por qué es tan difícil para muchos aceptar la homosexualidad como igual al amor heterosexual, la devoción y la función social.

El cuarto segmento (The Missing Piece) considera *cómo* o *por qué* una persona elige renunciar a una inclinación heterosexual por una homosexual. Sabemos que un estilo de vida homosexual es complejo, pero también sabemos que las personas no se despiertan una mañana y de repente deciden, "la homosexualidad parece divertida. Quiero abrazar la plétora de riesgos para la salud y el estigma social que conlleva ser gay".

¿Hay una explicación física, neurológica o emocional para la atracción? ¿O es simplemente una combinación de lujuria humana y deseo llevado al extremo? ¿Una persona se ve arrastrada al estilo de vida a través de la seductura, o las circunstancias de la vida lo empujan a él o ella en él. El segmento cuatro explora varias puertas y caminos que conducen al estilo de vida homosexual. ¿Es la homosexualidad un deseo o una consecuencia?

Con nuestros cuatro segmentos que sirven como nuestro esquema general, podemos comenzar nuestro viaje hacia un estilo de vida que no siempre aparece o resulta ser "gay".

SEGMENTO UNO: LA DIVISIÓN DE SESGOS

Es evidente que las opiniones públicas sobre el tema de la homosexualidad son numerosas. El hecho de que haya tantos sesgos en competencia que compiten por el control autoritario del tema solo agrega más confusión al diálogo. Hay cuatro fuentes de las que la mayoría de los sesgos tienden a fluir. Existe, por supuesto, el sesgo asociado con la perspectiva "gay" predominante. También hay sesgos religiosos, de investigación y políticos que moldean la opinión pública. Aquí hay un resumen de cada uno.

Para el activista gay, la agenda social es persuadir a la población mayoritaria para que acepte abiertamente la homosexualidad como una variación "normal" de la expresión sexual. Operando como una coalición bien organizada, los diversos grupos están profundamente comprometidos con su agenda y bien conectados políticamente. Si bien no han tenido éxito en la sala de los tribunales de valores familiares, han tenido mucho éxito en los tribunales de todo el país, específicamente en el área de la legislación de derechos civiles. En los últimos años, los homosexuales se han asegurado los mismos derechos a los que se privilegia a las parejas heterosexuales, incluido el matrimonio y los beneficios asociados.

El segundo sesgo proviene de la ética del pensamiento religioso. Para la mayoría de las religiones mundiales centradas en Dios, incluido el cristianismo, la homosexualidad es vista ante todo como una cuestión moral que no debería ser adoptada legislativamente por el gobierno como un asunto de derechos civiles. El punto de vista cristiano está atado a los capítulos uno y dos del Génesis (la historia de la creación) tanto como a las prohibiciones específicas que se encuentran en el Antiguo y Nuevo Testamento. Más detalles sobre esto más adelante.

El tercer sesgo proviene de artículos de investigación publicados, contaminados con prejuicios en el proceso de recopilación de datos o por fuentes de los medios de comunicación que elaboran conclusiones que la investigación no apoya ni sugiere. Esta es una de las razones por las que Internet está lleno de investigaciones contradictorias y opiniones sesgadas. [2]

El cuarto sesgo, en nuestra opinión, es el más insidioso, ya que utiliza la "política de identidad" para lograr un fin político más allá de la agenda gay. Aquí es donde la corrección política entra en la mezcla. La corrección política considera que el pensamiento cristiano (o tradicional) es enemigo del progreso y el represor de los grupos minoritarios. Por otro lado, se preocupa por la comunidad gay solo en la medida en que el sufrimiento de las personas homosexuales puede beneficiar a una agenda política más amplia.

No es nuestro deseo invertir más tiempo del necesario hablando del sesgo político, pero es necesario algún comentario. Comprender la influencia de la corrección política ayudará a centrar todo el debate, y ahí es donde empezamos.

¿Qué tan incorrecta es la corrección política?

En 1968, la Asociación Americana de Psiquiatría (APA) eliminó la homosexualidad de su Manual diagnóstico y estadístico de los trastornos mentales. Muchos dentro de la APA vieron esa decisión como un compromiso de la ciencia provocado por la presión política y el activismo gay. [3] Hoy en día, esa decisión se considera un ejemplo de la influencia persuasiva que la corrección política puede tener en la comunidad científica.

El objetivo general de la corrección política es el comienzo de una sociedad nueva, abierta y *tolerante*. Sin embargo, la tolerancia de la corrección política no es la virtud que los defensores afirman que es. Más bien, es una ideología política que busca controlar lo que la gente dice, piensa y cree. Por ejemplo, en lo que se refiere a la homosexualidad, la corrección política quiere que el 97% de la población heterosexual acepte la homosexualidad como una expresión "normal" del amor humano e igual en mérito con el amor heterosexual. (El hecho de que las relaciones homosexuales no puedan reproducirse invalida esa comparación).)

De acuerdo con las reglas de la corrección política, la tolerancia social requiere que uno acepte los valores de otra persona o de un grupo o la expresión de esos valores simplemente como algo diferente, y no correcto, incorrecto, bueno, malo, beneficioso o perjudicial. Por ejemplo, un portavoz gay obtiene acceso a una clase de jardín de infantes para explicar el amor homosexual y para ayudar a los niños de cinco años a identificar su orientación sexual a través de la experimentación. La tolerancia política insiste en que ese activismo no debe considerarse erróneo o moralmente reprobable, sino aceptado como una forma legítima de identificar y proteger a los niños que en el futuro podrían elegir la homosexualidad por sí mismos.

La tolerancia, en este caso, exige que los padres respeten la libre expresión de esos valores, incluso si los padres los consideran aberrantes, y que lo hagan, sin pronunciarse sobre los méritos o las consecuencias de reclutar niños de jardín de infancia. (No es sorprendente que la misma escuela no permita que un extraño tenga acceso a los mismos niños para discutir los beneficios de las relaciones heterosexuales).

Expresar una creencia o punto de vista que va en contra de la doctrina de la tolerancia está profundamente censurado. No esté de acuerdo pública o privadamente, y usted será tildado de fóbico, prejuicioso, ignorante, un fanático racista, sexista, extremista equivocado y, en última instancia, etiquetado como un intolerante incitador al odio.

Uno de los problemas evidentes asociados con la corrección política es la tensión creada al intentar estandarizar (o esterilizar) valores sociales incompatibles. ¿Cómo pueden aceptarse los valores de un grupo como iguales a los de otro grupo, si las consecuencias o beneficios financieros, sociales y sanitarios de esos valores no son iguales? Una cosa es decir que todos deben ser tratados de forma justa según la ley, pero eso no es lo mismo que tratar los valores de todos como iguales, o aceptarlos como socialmente compatibles o beneficiosos. ¡No lo son!

Esto plantea la pregunta: Para mantener la paz, ¿deben los padres de fe sacrificar sus creencias y convicciones para unirse a una sociedad sin valores, o se mantienen firmes en la convicción a expensas de ser censurados y ridiculizados? Una vez más, ¿cómo explican todo esto a sus hijos?

SEGMENTO DOS:
¿COMPORTAMIENTO ADOPTADO O PRODUCTO DEL NACIMIENTO?

Si tuviéramos que hacer una lista de las creencias fundamentales que dan forma al debate, en la parte superior de esa lista está la cuestión relativa al origen de la atracción hacia personas del mismo sexo.

¿La persona elige la homosexualidad o la homosexualidad elige a la persona?

¿Por qué algunos hombres y mujeres buscan compañía sexual de miembros del mismo género? ¿Estaba la atracción allí al nacer, o algún interruptor emocional posterior apagó una afinidad heterosexual y encendió una atracción del mismo sexo? ¿Ocurre lo mismo con respecto a la transexualidad? ¿Qué papel juega el libre albedrío, si es que juega alguno? Con base en datos científicos y los testimonios de miles de individuos que anteriormente participaron en el estilo de vida gay, pero posteriormente eligieron una relación heterosexual, es evidente que cierto nivel de libre albedrío es parte de la ecuación. Sin embargo, si hay un interruptor que puede desactivar una atracción del mismo sexo, ¿qué eventos en la vida causaron que se encienda en primer lugar? Exploremos las posibilidades, comenzando con la cuestión del nacimiento.

Acaba de nacer de esta manera

¿Es la homosexualidad (o transgenerismo) un producto del nacimiento? ¿Se puede validar la afirmación de «nacido de esta manera»? En este momento, con todos los avances en las neurociencias, la genética y la epigenética, no hay evidencia científica generalmente aceptada de que la homosexualidad sea un pre-nacimiento o producto de la condición de nacimiento.

La genética no funciona a favor del argumento gay. Dado que las relaciones homosexuales no son capaces de reproducirse y dar vida, no son capaces de propagar la secuencia genética que se requeriría para crear una atracción hacia el mismo sexo. En otras palabras, no hay un gen "gay".

La investigación realizada con gemelos idénticos agrega más peso a esta conclusión. Si el origen de una atracción hacia personas del mismo sexo pudiera rastrearse hasta el nacimiento, entonces los gemelos idénticos tendrían que ser homosexuales o heterosexuales, pero no uno u otro. Sin embargo, los volúmenes de investigación concluyen que no hay ninguna base genética que permita a los gemelos idénticos manifestar dos tipos opuestos de orientaciones sexuales si la genética estuviera en juego.

La afirmación de "nacido de esta manera" también se ve perjudicada por los porcentajes estadísticos de quienes practican la homosexualidad y viven en centros urbanos en comparación con las zonas rurales. Si la "homosexualidad" es el producto del nacimiento, entonces la comparación urbano/rural sería proporcionalmente la misma. Sin embargo, los estudios de la comunidad gay, basados en el lugar de nacimiento, demuestran que un porcentaje desproporcionado nacen en las grandes ciudades en comparación con las zonas rurales.

Si bien no hay evidencia convincente antes del nacimiento que apoye una atracción hacia personas del mismo sexo, hay suficiente evidencia estadística que apoye la heterosexualidad. La atracción heterosexual no es simplemente la orientación sexual "más dominante" vinculada al pre-nacimiento, es la *única* orientación que la ciencia ha podido confirmar.

Eso plantea la pregunta: Si una atracción hacia personas del mismo sexo no es innata, ¿qué desencadenantes emocionales pueden ser tan poderosos que harían que una persona abandonara una inclinación natural por una antinatural? Esta es más que una pregunta justa, es necesaria si esperamos descubrir los orígenes de una atracción hacia personas del mismo sexo.

¿Es la homosexualidad una elección de estilo de vida?

Si la homosexualidad no es una condición de nacimiento, ¿eso significa que es un producto del libre albedrío? ¿La gente elige libremente la homosexualidad como un estilo de vida? Si es así, ¿eso significa que libremente eligen no tener una relación heterosexual?

Estamos de acuerdo en que todo el mundo tiene un libre albedrío y lo utiliza para decidir cómo eligen vivir su vida. Sin embargo, el libre albedrío no opera en un vacío emocional. A veces, la capacidad humana de "elegir" o "establecer un rumbo" en la vida cae bajo el control de otras influencias dominantes, influencias que, si no estuvieran presentes, cambiarían el tipo de decisiones que toma una persona.

Por ejemplo, un niño severamente mordido por un perro en la infancia puede en la edad adulta resistirse a los afectos inocentes de un cachorro. Mientras ejerce su libre albedrío para no acercarse demasiado, su decisión está manchada por su encuentro anterior con un perro. De esta manera, su libre albedrío es controlado y dirigido por un trauma previo, a pesar de que intelectualmente sabe que el cachorro no representa una amenaza para su bienestar actual.

Admitimos que este es un ejemplo simplificado, pero esperemos que ilustre el punto. No todas las decisiones de libre albedrío están separadas de otros poderosos momentos o emociones que cambian la vida. Cuando se trata de una atracción hacia personas del mismo sexo, le pedimos al lector que considere la posibilidad de que las interrupciones emocionales significativas en la infancia sean suficientes para alterar el proceso de crecimiento emocional que conduce al desarrollo heterosexual normal. Eso no hace el comportamiento más o menos aceptable, pero debe influenciar la respuesta cristiana.

SEGMENTO TRES: PONER LAS ESTADÍSTICAS EN PERSPECTIVA

Antes de pasar al segmento tres, revisemos las creencias fundamentales expresadas hasta este punto. En primer lugar, todo el mundo tiene una opinión sobre la homosexualidad y cada opinión viene con un sesgo, incluida la nuestra. En segundo lugar, no creemos que la homosexualidad esté predeterminada antes del nacimiento o sea una condición de nacimiento, ni hay ninguna evidencia científica confiable que pueda contrarrestar o disminuir la confiabilidad de esa conclusión. En tercer lugar, mientras que cada persona tiene un libre albedrío, la operación de esa voluntad puede ser manchada por otros eventos dominantes de la vida.

De esas tres creencias fundamentales, trasladamos la conversación a la afirmación de que la homosexualidad debe ser vista como una alternativa "normal" a la heterosexualidad, en lugar de una desviación de ella. Pero, ¿cómo se mide "normal", y es "normal" lo mismo que "común"? ¿Es igual a "común" "normal"?

Común versus Normal

Cuando se trata de la reclasificación del comportamiento social, específicamente el que mueve la conducta que una vez se consideró médicamente insalubre, a un nuevo estado de "normalidad", los datos estadísticos pueden ayudar a validar o socavar la corrección de la nueva designación. Lo que puede ser común en un grupo no significa necesario que califique como que cumple con la definición de normal para otros grupos.

La definición de "normal" requiere una similitud estadística que refleje los beneficios y el riesgo de ambos grupos como proporcionalmente similares. Aquí hay algunas estadísticas que ayudan a hacer el punto:

Según el Centro para el Control y la Prevención de Enfermedades de los Estados Unidos (CDC), los hombres homosexuales representan el 2% de la población, las lesbianas representan el 0,07% y la población transgénero masculina y femenina es del 0,03%. Eso produce una población LGBTQ combinada del 3% (+ o -.)

Dadas esas estadísticas de población, estudios médicos recientes y hallazgos clínicos revelan:

El 70% de los homosexuales han contraído gonorrea[4]

El 79% de todos los casos de VIH se encuentran dentro de la comunidad homosexual[5]

El 83% de todos los nuevos casos de sífilis se encuentran en hombres homosexuales[6]

El 90% de los hombres homosexuales con VIH portan al menos una hebra del virus del papiloma humano[7]

Esos porcentajes, si bien son comunes dentro de la comunidad LGBTQ, caen considerablemente fuera de los parámetros de lo que es "normal" entre la comunidad heterosexual masculina.

Otras estadísticas apuntan a conclusiones similares. El grupo de defensa liberal, Center for American Progress, proporciona datos estadísticos relacionados con el abuso de drogas entre hombres homosexuales y personas transgénero. En comparación con la comunidad heterosexual, los miembros homosexuales y transgénero fuman tabaco a una tasa de consumo 200 por ciento mayor; El 25 por ciento de las personas homosexuales y transgénero abusan del alcohol en comparación con el 5-10 por ciento de las normas nacionales. Este grupo tiene 12,2 veces más probabilidades de consumir anfetaminas en comparación con los hombres que no tienen relaciones entre personas del mismo sexo. Este grupo también tiene 9,5 veces más probabilidades de tomar heroína. [8]

De lo que se puede deducir de los informes de los CDC, por cada heterosexual, la comunidad LGBTQ tiene tres miembros que sufren de depresión; cuatro que luchan con el abuso de sustancias; y ocho que intentan suicidarse.

Estas estadísticas son difíciles de leer y más difíciles de vivir. Además de revelar el dolor, también destacan los increíbles factores de riesgo que no forman parte de la comunidad heterosexual. Eso no quiere decir que todo sea perfecto dentro de la población mayoritaria, pero la evidencia niega la afirmación de que la homosexualidad encaja dentro de la categoría de "normal" y, por lo tanto, debe ser aceptada sin desafío.

SEGMENTO CUATRO: LA PIEZA QUE FALTA

Hoy en día, la neurociencia ha confirmado que los hábitos, las actitudes y el estilo de vida afectan la química cerebral y la actividad cerebral, lo que, a su vez, influye en cómo percibimos nuestro mundo. Algunos hábitos y opciones de estilo de vida conducen a percepciones debilitantes. Aunque todos tienen que lidiar, hasta cierto punto, con sus propios "demonios" debilitantes, la mayoría de la población los maneja o los supera con la ayuda de hábitos saludables. ¡Pero no todos!

Los miembros de la comunidad LGBTQ sienten que son de alguna manera diferentes del resto de la población y que la diferencia es el resultado de algo que falta en su vida. La opinión "popular" asume que una "atracción heterosexual normal" es la pieza que falta, lo que implica que nunca estuvo allí para empezar. Si bien no hay una base científica para esa conclusión, sin embargo, impulsa la narrativa social como si fuera cierta.

Sin embargo, ¿qué pasa si esa conclusión es errónea? ¡Eso sin duda cambiaría la narrativa! Tal vez, la mejor pregunta para hacer es esta: ¿Por qué falta la atracción heterosexual? ¿Qué pasó con él? Posiblemente, no falta, sólo se suprime. Si es así, ¿qué causó la supresión? En las páginas anteriores, señalamos algunos porcentajes desagradables que acompañan el estilo de vida gay y transgénero. Esos porcentajes sugieren fuertemente que lo que faltaba antes de adoptar el estilo de vida gay todavía falta después. Entonces es razonable concluir que un estilo de vida "homosexual" no llena el vacío.

Siguiendo las pistas

A veces los vacíos de la infancia se crean porque un niño nunca recibió lo que necesitaba. La cantidad y calidad necesarias de amor y afirmación que apoyan el crecimiento emocional de un niño es un ejemplo. En este caso, existe un vacío debido a lo que un padre no proporcionó. En otras ocasiones, los niños experimentan un vacío cuando se les quita algo que nunca puede ser reemplazado. Independientemente de cómo se cree el vacío, el resultado final es un anhelo en el corazón que busca ser llenado. Si el vacío es lo suficientemente grande, o si un anhelo emocional es lo suficientemente fuerte, una persona hará casi cualquier cosa para satisfacerlo.

En lo que se refiere a la comunidad LGBTQ, hay evidencia colaboradora que sugiere que existe un vínculo entre el abuso sexual y emocional temprano, y una posterior atracción hacia personas del mismo sexo. [9] Si bien las diferentes agencias sociales ofrecen diferentes perspectivas, las afirmaciones dentro de esas perspectivas siguen siendo consistentes. Los hombres homosexuales y bisexuales (74% según algunas estimaciones) consideran que su abuso sexual por parte de una persona mayor y más poderosa es la principal o una de las principales influencias que los impulsan a una atracción hacia el mismo sexo. [10] Otras pruebas indican que un alto porcentaje de las personas que practicaban la homosexualidad y la pedofilia fueron abusadas sexualmente cuando eran niños. [11]

Estudios similares documentan la edad de diez años como la edad promedio en la que comenzó su agresión sexual. [12] Las mujeres lesbianas y bisexuales, en comparación con las mujeres heterosexuales, también reportan una ocurrencia más frecuente de victimización física. [13] Un estudio subraya los tipos de abuso infantil experimentados:

69,1% experimentaron abuso emocional

66,4% fueron víctimas de abuso sexual

El 55,7% recibió traumas emocionales, incluyendo insinuaciones sexuales y comentarios sexuales específicos que los hicieron sentir violados

53,2% fueron abusados verbalmente

El 39,6% se sintió abandonado

32,5% fueron víctimas de maltrato físico

El 20,0% se sintió completamente descuidado

De los que fueron abusados sexualmente, casi el 80% fueron abusados por hombres, el 42% de esos casos fueron incestuosos y el 24% fueron abusados por mujeres. [14]

Uniendo todo

De ninguna manera estamos sugiriendo que todos los niños abusados sexualmente buscarán inevitablemente relaciones entre personas del mismo sexo en la edad adulta. Los niños hacen frente al abuso y a la pérdida de la inocencia infantil de diferentes maneras. Tampoco estamos sugiriendo que todos los miembros de la comunidad LGBTQ provengan de familias abusivas. Muchos no lo hicieron. Sin embargo, para el segmento que fue abusado, no es un gran salto de fe considerar la posibilidad de que las tasas de depresión, abuso de drogas y suicidio que se encuentran dentro de la comunidad LGBTQ estén realmente vinculadas al abuso sexual infantil no resuelto, y no simplemente porque los gays vivan en una sociedad homofóbica hostil.

Si bien la correlación entre ambos parece ser relevante, entendemos que hacer tal conexión no encaja en el marco de la corrección política. Como señala Michael Brown en su artículo, *Sí, el abuso sexual infantil a menudo contribuye a la homosexualidad*, "Cuando se trata de homosexualidad, es tabú conectar el abuso sexual infantil con la identidad gay posterior ya que: 1) esto contradiría el mito del "gay nacido"; y 2) subrayaría el hecho de que las atracciones homosexuales no son naturales y positivas". [15.]

Abuso infantil y supresión heterosexual

Sabemos que la inclinación natural hacia la atracción heterosexual es muy fuerte. También sabemos que el desarrollo normal de la atracción heterosexual se manifestaría naturalmente si el camino hacia la madurez emocional no se ve interrumpido por un trauma temprano, como es el caso del abuso sexual infantil. El trauma tiene una forma de crear vulnerabilidades emocionales que resuenan en la edad adulta.

En lo que se refiere a los niños, el abuso sexual primero atrofia el crecimiento emocional de un niño y luego lo congela. El niño de ocho años abusado sexualmente, quince años después, puede ser física, moral, intelectual y socialmente maduro, pero emocionalmente, se puede argumentar, todavía tiene ocho años. La detención repentina del crecimiento emocional en la infancia afecta a otras inclinaciones emocionales por defecto, una de las cuales es la inclinación hacia la atracción heterosexual (que está vinculada al proceso normal de apego emocional).

Aquí es donde la influencia post-nacimiento de la epigenética podría entrar en juego. La epigenética es el estudio de los cambios en los organismos causados por la modificación de la expresión génica en lugar de la alteración del propio código genético. Es posible que el trauma infantil severo pueda alterar una "etiqueta" epigenética asociada colocada en un gen que esencialmente dice "fuera de orden". Si eso sucede, el gen responsable de la "atracción sexual" ya no funciona como debería. Por supuesto, a medida que esta nueva investigación continúa desarrollándose, también abre la puerta a la posibilidad de que si la etiqueta heterosexual se puede desactivar, también se puede volver a activar.

¿Podemos decir con absoluta certeza que experimentar un trauma emocional en la infancia puede suprimir la inclinación heterosexual natural, al tiempo que desencadena una atracción hacia personas del mismo sexo? ¡No! No con absoluta certeza, pero con suficiente para decir, «vamos a echar otro vistazo a esto.»

Se nos dice que el tema de la homosexualidad es un tema legal que tiene que ver con la libertad de "orientación sexual", como si fuera un derecho civil constitucional. Sin embargo, la afirmación de la orientación hacia personas del mismo sexo parece ser un argumento de pista falsa. Es equivalente a decir que la esquizofrenia es un derecho civil que necesita ser protegido. Hay un número suficiente de profesionales preocupados que ven una orientación "del mismo sexo" como un "síntoma secundario" y no un deseo primario natural. Es el subproducto de un nivel disfórico de *desorientación emocional*. Como aludimos anteriormente, en algún momento del proceso de desarrollo, hubo una interrupción en las vías emocionales que naturalmente llevan a una persona a la sensibilidad heterosexual.

Aunque los "anhelos relacionados con la intimidad" pertenecientes a las emociones heterosexuales están bloqueados, siguen siendo activos, pero vulnerables. Los anhelos nunca pueden ser satisfechos, pero pueden ser redirigidos temporalmente. Para algunos, la redirección es hacia una orientación del mismo sexo.

La próxima vez que lea o escuche la descripción, "orientación sexual" sustituya mentalmente las palabras "desorientación emocional". El cambio en la terminología mueve adecuadamente el argumento de un debate falaz sobre los derechos civiles, a donde pertenece, en el ámbito del tratamiento y la atención. Una vez más, esto es para la mayoría, pero no para todos. Para algunos, la homosexualidad es una preferencia adoptada que abordaremos más adelante en el capítulo.

Finalmente, ¿por qué es importante la conexión "emocional-trauma" y algo a considerar? Creemos que si hay alguna validez en la conexión temprana de abuso sexual y la posterior atracción hacia personas del mismo sexo, entonces la compasión por la persona gay tiene tanto derecho a guiar la respuesta de un cristiano como lo hace la convicción. Podemos tener un debate sobre la moralidad de "gay" versus "heterosexual", pero al final, todavía estamos hablando de seres humanos, todos los que fueron dados vida por Dios. No dejemos la "dignidad" de la vida fuera de la conversación.

La atracción de la infancia hacia personas del mismo sexo

El abuso sexual infantil puede ser una de las influencias que suprimen la normalidad heterosexual, pero hay otras influencias a considerar. Uno es el papel natural que se supone que juega la "atracción hacia personas del mismo sexo" en la primera infancia y el vacío creado cuando los padres, especialmente los padres, no satisfacen adecuadamente esa necesidad.

La atracción hacia personas del mismo sexo no es sólo una parte normal del desarrollo de un niño, es un contribuyente extremadamente importante para el bienestar emocional de un niño y su capacidad de adherirse a ambos géneros. En este caso, la atracción hacia personas del mismo sexo en la infancia no tiene ningún componente sexual unido a ella. Sin embargo, es muy real e impulsado por la necesidad de un niño de amor y afirmación de quien comparte el género del niño. Cuando está satisfecho, trae recompensas emocionales y estabilidad de género. Cuando la necesidad no se cumple, deja un vacío.

Sí, un niño pequeño ama a su madre, pero se siente atraído por el mundo de su padre. Un hijo quiere saber todo sobre papá. Él deriva su sentido de masculinidad de ver a papá en sus muchos papeles, incluyendo cómo ama a mamá. Los padres proporcionan una firma de amor única a sus hijos. Incluso la identidad sexual de una hija es confirmada por el amor de su padre y ese amor es validado por el amor heterosexual compartido entre mamá y papá.

Si la atracción padre-hijo o madre-hija no está suficientemente satisfecha en la infancia, la necesidad de aprobación y afirmación del mismo sexo los convierte en candidatos vulnerables para la búsqueda del mismo sexo en la edad adulta.

Esta es también la razón por la que los programas diseñados para reclutar adolescentes vulnerables a la homosexualidad son moralmente ofensivos. Explotan a los inocentes prometiendo satisfacer el anhelo con una pareja del mismo sexo. Una pareja del mismo sexo no es un sustituto válido de la intimidad que debe provenir de papá o mamá.

Más desafíos

Además del abuso sexual que se encuentra en la infancia y la atracción insatisfecha hacia el mismo sexo en los años primarios, los padres también deben luchar contra el reclutamiento de adolescentes y adultos jóvenes apoyado por el gobierno. El reclutamiento siempre se alimenta de los vulnerables, ingenuos e insatisfechos. Muchos de estos niños ya están experimentando algún nivel de disforia entre pares. (La disforia es una sensación de insatisfacción general, inquietud, depresión y ansiedad; una sensación de rechazo, disgusto, incomodidad o no encajar).

El reclutamiento invita a la experimentación. Solo se necesita un encuentro para exponer a adolescentes inocentes a otro reino de la sexualidad, donde descubren rápidamente que la novedad de "algo nuevo" es mucho menos satisfactoria de lo que se les prometió. Para algunos de estos adolescentes, la nueva asociación "gay" solo produce sentimientos de atrapamiento a un estilo de vida que no tiene puerta de escape.

Para otros dentro de la población adolescente vulnerable, el sentido de pertenencia a "algún grupo", es mejor que no pertenecer en absoluto. Hacer lo "gay" permite a una persona transferir un sentido profundamente arraigado de rechazo "personal" a un rechazo "grupal". "Oh, no te gusta como persona", se convierte en "Oh, no te gusta, porque soy gay".

Este último enmascara el primero, pero no corrige la disforia particular. Ser desaprobado porque uno pertenece a un grupo siempre es más tolerable que ser desaprobado como individuo. El intolerable mundo privado del auto-dolor se convierte en el mundo apenas tolerable del dolor grupal.

La venganza también es un conducto hacia el estilo de vida gay. Para un pequeño porcentaje, sólo la idea de ir en contra del grano social de cualquier cosa suena intrigante. ¿Cuántas veces hemos escuchado nosotros (o ustedes) algo al efecto: "Mi padre lo odia, así que lo voy a hacer"? Traer reproche a un padre puede sentirse como una dulce venganza, pero al final, la venganza siempre será más corrosiva para el alma que la culpa. Su legado solo trae más dolor.

Cuando el libre albedrío no está comprometido

Hasta este punto, nos hemos esforzado por explicar cómo algunas experiencias de la infancia pueden suprimir involuntariamente una atracción heterosexual natural y abrir la puerta a una atracción del mismo sexo. Sabemos, en general, que el trauma en la infancia crea enormes distorsiones de la realidad en relación con la forma en que uno ve la aceptación y la aprobación, así como la desaprobación. Una vez establecidas, las distorsiones se absorben gradualmente y se utilizan para guiar a uno a su propia forma de "autocuración".

Una vez más, no estamos tratando de poner una excusa para el comportamiento de nadie, pero estamos reconociendo que las experiencias dolorosas persistentes, los sentimientos y las luchas que se encuentran dentro de la infancia no se vaporizan cuando uno llega a la edad adulta. En lo que se refiere a esta discusión, se debe dar la debida consideración al comportamiento que tiene trauma como fuente primaria.

Sin embargo, queda la porción de la población homosexual/lesbiana que más tememos. Motivados por eldeseo, *el deseo* y el libre *albedrío libremente comprometido,* este parece ser el único segmento de la población gay al quela Escritura declara que son "sin excusa" (Romanos 1:20). Este grupo en particular no está luchando contra los demonios de una infancia abusiva, sufriendo de la falta de atención, o agobiado por un deseo de venganza. Sus hechos reflejan los deseos lujuriosos de su corazón.

LA PUERTA PROHIBIDA

El amor de Dios por la humanidad no tiene límites, ¡es ilimitado! Sin embargo, debido a que Él nos ama, Él establece límites y lo ha hecho en lo que respecta a la sexualidad y específicamente al pecado sexual. Seamos claros al respecto: las Escrituras no hablan favorablemente sobre la homosexualidad o el lesbianismo. Las prácticas se describen como una "abominación" (Levítico 18:22), "maldad" (Romanos 1:28), "inmoralidad sexual" (1 Corintios 6:9), y "actos indecentes" (Romanos 1:27).

Sin embargo, sólo como una advertencia a la comunidad cristiana, los mismos adjetivos negativos asociados con la homosexualidad también están vinculados con el pecado de "chismes", "acusar falsamente", "mentir", "hacer trampa", "aprovecharse de los pobres", "actos de infidelidad marital", "asesinato", "jactancia" y "orgullo". Estos también son una abominación para el Señor. Sin embargo, lo que distingue a la homosexualidad de estas otras ofensas morales, es el vínculo con la idolatría.

Ese parece ser el caso hecho por el apóstol Pablo en Romanos 1:18-31. La conexión de idolatría comienza con una negación implícita o explícita de Dios y Su voluntad expresada en relación con el matrimonio y la intimidad. El relato del Génesis en los capítulos 1 y 2, establece que Dios creó a la humanidad, hombre y mujer, estableció el matrimonio, masculino y femenino, la intimidad, masculino y femenino, y la reproducción, masculina y femenina. Cada una de estas relaciones heterosexuales fueron reconocidas por Dios como "buenas!"

No es sorprendente, entonces, que todas las prohibiciones posteriores del mismo sexo que se encuentran en las Escrituras se basen en dos suposiciones /creencias:

1. El relato del Génesis presenta el matrimonio y la intimidad entre un hombre y una mujer como la expresión normativa de la voluntad de Dios. Esto fue reforzado por Jesús en Mateo 19:5-6.

Por esta razón, un hombre dejará a su padre y a su madre y se unirá a su esposa, y los dos se convertirán en una sola carne; 6 por lo que ya no son dos, sino uno. Por lo tanto, lo que Dios ha unido, que ningún hombre se separe.

2. Todos los tipos de relaciones sexuales fuera de la de un hombre y una mujer, incluyendo hombre a hombre, mujer a mujer, y humano y animal,

son contrarias a la intención creadora de Dios y contrarias a Su diseño físico. Específicamente, en una relación de hombre a hombre, no hay músculos internos o tejidos de órganos complementarios que puedan acomodar expresiones homosexuales sin angustia y enfermedad significativas para el cuerpo.

Ahora volvamos al lazo a la idolatría. La idolatría no es sólo la adoración de un Dios falso, sino igualmente la negación o el rechazo del orden creativo expresado y la intención (forma y función) de Dios, que se considera igual al rechazo de Dios mismo. Esta es la base sobre la cual la afirmación de idolatría de Romanos 1:24-25 es establecida por el apóstol Pablo.

Por lo tanto, Dios los entregó en los deseos de sus corazones a la impureza, para que sus cuerpos fueran deshonradas entre ellos. Porque cambiaron la verdad de Dios por una mentira, y adoraron y sirvieron a la criatura en lugar del Creador, que es bendecido para siempre. Amén.

Este pasaje no sólo habla de la idolatría, sino que también señala que la decisión de participar en la homosexualidad es el libre albedrío libre del hombre en el trabajo. Es una búsqueda lujuriosa desinhibida que conduce a la inmoralidad sexual.

Ahora, vamos a contrastar eso con las diversas vías de disforia mencionadas anteriormente en este capítulo. Las Escrituras en realidad guardan silencio con respecto a las otras puertas que conducen a la homosexualidad. Sin embargo, el silencio no valida ni neutraliza la inaldad de la práctica, pero sí deja cierto espacio para la compasión y la comprensión.

Incluso en los días en que el apóstol Pablo escribió el libro de Romanos, no todos los que practicaban actos homosexuales lo hacían voluntariamente. La participación de un esclavo involuntario obligado a ser prostituta en el templo para cumplir los deseos de otro hombre o mujer, no es lo mismo que la participación al libre albedrío. En tal situación, se considera violación, no prostitución entre personas del mismo sexo.

Avance rápido hasta el presente. ¿Qué pasa con el 67% de los adultos homosexuales que fueron agredidos sexualmente cuando eran niños pequeños, y cuya vida emocional está tan gravemente herida que intercambian la atracción heterosexual por la homosexual? Si bien su puerta de entrada a un estilo de vida del mismo sexo no comenzó con idolatría, desafortunadamente termina ahí. En ambos casos, la persona se permite ser utilizada en contra de la forma en que fue creada biológicamente. Lo hacen con el fin de encontrar y satisfacer un deseo y una necesidad emocional que no tiene nada que ver con su identidad sexual adoptada. No es lo que son, sino lo que se dejaron llegar a ser.

Para este segmento de la población gay, la homosexualidad no se trata de lujuria, sino de una esperanza equivocada de reemplazar algo que falta. En contraste, la relación homosexual impulsada por la idolatría cambia la narrativa de ser una víctima a una persona en busca de la lujuria desvergonzada y la negación del orden creativo de Dios.

Aquí está nuestra conclusión: Dos grupos encuentran su camino hacia la homosexualidad. Un grupo entra por una puerta con un deseo sexual contrario al designe de Dios para hombres y mujeres; el otro grupo es empujado a través de la puerta por el dolor emocional, sin saber que Dios proporciona la suficiencia que están buscando. Por desgracia, ambos grupos tienen el mismo aspecto, pero no todos están allí por la misma razón.

El mayor desafío para aquellos fuera de la comunidad "Gay" es averiguar quién pertenece a qué grupo? Cuando te encuentres con el desfile o la protesta gay, y mires el mar de la humanidad, pregúntate: "¿por qué puerta caminó cada individuo?" Hasta que puedas responder a esa pregunta con certeza, deja que tu convicción sea guiada por la compasión, pero nunca permitas que tu compasión comprometa tu convicción.

RESUMEN DE PENSAMIENTOS

Independientemente de cómo una persona encontró su camino en un estilo de vida homosexual, nuestros lectores deben reconocer el grado en que la comunidad LGBTQ está comprometida con sus miembros. El apoyo emocional que obtiene un miembro es innegable. Este es un testimonio del poder de una comunidad de ideas afines y de quienes la pueblan.

Sin embargo, también habla del poder persuasivo del "pensamiento grupal". Cuando el grupo abraza ciertas suposiciones sobre su existencia, se hace más difícil escuchar a alguien en el exterior, especialmente si ese alguien pertenece a un grupo que ha sido durante mucho tiempo perfilado como en contra de las personas homosexuales. Podemos entender esa hostilidad, pero no niega los hechos de su condición.

Creemos que la homosexualidad se define por lo que hace una persona en lugar de quién es una persona. La evidencia apoya la conclusión: nadie nace homosexual, pero algunos abrazarán las prácticas homosexuales. La evidencia también parece apuntar al dolor emocional como uno de los principales puntos de partida del atractivo. Pocos estarían en desacuerdo en que la homosexualidad es un estilo de vida que comienza con el dolor, una vida vivida con dolor, y a menudo, una que termina es el dolor.

Con todo este entendimiento, ahora podemos seguir la pregunta: ¿Cómo se explica la homosexualidad a los niños, especialmente cuando no pueden apreciar plenamente el significado de la heterosexualidad? Esa pregunta será respondida en el Capítulo Nueve, donde trabajamos a través de una serie de preguntas y respuestas dirigidas a los padres.

Pero lo primero es lo primero. La transexualidad tiene sus propias peculiaridades para entender y ahí es donde tomaremos la conversación a continuación.

Capítulo 8
Entendiendo el transgenerismo

❦

Similar a la homosexualidad, el tema de la transexualidad es igualmente complejo, multifacético y a menudo confuso para aquellos que se encuentran fuera de la comunidad "Trans". Una cosa es segura: la persona transgénero ya no es el extraño sin nombre que se esconde en las sombras. Hoy en día, esa persona puede ser una hermana o hermano a quien amamos y compartimos buenos recuerdos. Podría ser un compañero de trabajo, o el hijo del vecino en la calle. De repente, parece, estos individuos están viviendo en contra de la persona que una vez conocimos, y nos quedamos rascándonos la cabeza, preguntándonos: "¿Qué pasó?"

Si bien la noción misma de transgenerismo puede ser extraña para usted, posiblemente incluso repulsiva, recuerde que estamos hablando de personas reales, personas que como todos nosotros, tienen sueños, esperanzas y aspiraciones. Su humanidad les otorga el debido respeto y como seguidores de Cristo, ciertamente debemos entender eso. Estas personas son amadas por Dios y blancos de Su misericordia y gracia. Muchos de ellos (aunque en minoría) dependen de la gracia de Dios para su existencia. Al menos dicen que sí, aunque su comportamiento público no siempre lo refleje.

En términos de la historia moderna, el transgenerismo es el niño más nuevo en ser agregado a la "Coalición Arco Iris" que, en un momento, fue predominantemente un movimiento político orientado a los "gays". Como resultado, el transgenerismo a menudo se agrupa como otra expresión "enloquecida" de la homosexualidad. Si bien hay algunas personas trans que son "gays", la transexualidad y la homosexualidad no son lo mismo. Con suerte, podemos aportar claridad a las distinciones a medida que avanzamos en este capítulo.

En lo que se refiere a la condición de la transexualidad, la Biblia no aborda el tema con casi la misma claridad que la homosexualidad. El único versículo que podría tener cierta relevancia se encuentra en Deuteronomio 22:5: "La mujer no usará la ropa de un hombre, ni un hombre se pondrá la ropa de una mujer; porque quien hace estas cosas es una abominación para Jehová tu Dios." El alcance de la intención de Dios para este versículo es vago, y las conclusiones de los comentaristas son mixtas. Podría ser una prohibición relacionada con las antiguas ceremonias de adoración paganas, o una orden para observar la distinción entre los sexos. De cualquier manera, el mandamiento no se repite en el Nuevo Testamento.

El verso ciertamente se aplica a un travesti, pero esa condición no es lo mismo que la transexualidad. (Más sobre los diversos tipos de condición "trans" en un momento.) Somos de la opinión de que si una persona transgénero abierta y voluntariamente cruza a la homosexualidad, entonces todas las prohibiciones aplicables de las Escrituras pueden y deben usarse para juzgar el comportamiento.

El desafío ético con el que luchamos tiene más que ver con la cuestión del bienestar emocional. Si existe una condición de salud mental preexistente y posteriormente impide la percepción racional de la vida de una persona, ¿puede esa persona ser plenamente responsable de sus acciones? Esto, en parte, es lo que este capítulo explorará. Sin embargo, para responder a esa pregunta, necesitamos (en la medida de nuestras posibilidades), mirar al mundo de la comunidad transgénero. ¿Qué es exactamente una persona transgénero?

¿QUÉ HAY EN UN NOMBRE?

Aunque el *Manual diagnóstico y estadístico de los trastornos mentales,* así como los principales profesionales de la saludmental, se han alejado de etiquetar a las personas transgénero como "enfermos mentales" (en el sentido clásico), todavía se asume dentro de la comunidad médica general que los componentes de la enfermedad mental son en gran medida parte de la vida de una persona trans. A diferencia de la homosexualidad, el transgenerismo no tiene que ver con la orientación hacia personas del mismo sexo, en la que una persona se siente atraída por el mismo género de una manera sensual. Más bien, la transexualidad es una condición perceptiva en la que una persona llega a creer que es el género opuesto del cuerpo en el que nació.

La categoría "transgénero" se divide en hombres y mujeres. Cuando se habla de un "hombre transgénero", se trata de una persona que nació anatómicamente femenina, pero que posteriormente se identifica como hombre. La "mujer transgénero" nació anatómicamente como un varón, pero posteriormente se identifica como una mujer.

"Transexual" es el término que se aplica a la persona transgénero que ha hecho la transición física de un sexo a otro, ya sea quirúrgicamente o con la ayuda de la terapia hormonal (o ambos). Para ser claros, las personas que se identifican como "transgénero", pero que no buscan tratamiento médico o quirúrgico para alinearse más con su género percibido, no se clasifican como transexuales, y en muchos casos no desean ser etiquetados de esa manera.

Si bien una persona puede ser "transgénero" y eventualmente convertirse en "transexual", ninguna de estas condiciones está relacionada con ser una "travesti". El travesti es típicamente un hombre al que le gusta vestirse con ropa de mujer, pero no tiene ningún deseo de ser del sexo opuesto. El "travestismo", como se le conoce, no se considera un trastorno mental, a menos que la persona se vista para la excitación sexual; entonces se identifica como un trastorno mental. (La lógica psiquiátrica que apoya estas determinaciones de la fino-línea nos elude.)

A la confusión se suma la forma en que se le pide al público que se refiera a la persona Trans. Por ejemplo, a pesar de que conoces a Allison desde el día en que nació, se dice que usar su nombre de nacimiento en lugar de su nuevo nombre de género (Alex) es una tremenda fuente de ansiedad (para ella o él). Para la comunidad transgénero, el uso de pronombres para reemplazar los sustantivos propios es la única forma aceptable de hablar con una persona trans, independientemente de la edad que tenga la relación. Por ejemplo, me piden que diga: "Hola. Mi nombre es Gary, y uso los pronombres, "él" y "él". ¿Por qué pronombres vas?".

Además, si me refería a Allison en el pasado, se espera que haga referencia tanto a Allison como a Alex juntos, usando los pronombres "ellos" y "ellos", pero nunca debo decir: "Cuando Alex era Allison, solíamos hacer rafting juntos". Eso se considera menospreciar la realidad de su problema de género. Sin embargo, ¿es la realidad? ¿Hay realmente una naturaleza masculina viviendo dentro de un cuerpo femenino, (o viceversa), o es una fobia a la percepción que ha superado el sentido de la realidad del individuo? El balance de este capítulo trae adelante la ciencia detrás de ambos supuestos.

¿QUÉ FUE LO PRIMERO?

En el campo de la psiquiatría, hasta 2012, la transexualidad se clasificaba como un "Trastorno de Identidad de Género (GID)". Considerado demasiado controvertido, GID se cambió a "Disforia de género". Desde 2012, el impulso ha sido reclasificar la condición de una disforia emocionalmente compuesta, con efectos secundarios desagradables, a una desafortunada condición biológica que se originó en el útero, al igual que la zurda.

Esa comparación de ingeniería social trasladó el transgenerismo de la oscuridad a las noticias nocturnas. Hoy, el meollo del debate parece reducirse a lo que vino primero, la gallina o el huevo. ¿La persona Trans está viviendo con un trastorno de percepción genuino como la anorexia o la bulimia, o la persona Trans realmente está viviendo con una crisis de género de buena fe, que genera depresión, ansiedad, adicción a las drogas y suicidio?

Los grupos de defensa transgénero favorecen esto último: "Sí, estoy enferma, pero no porque tenga una enfermedad mental relacionada con mi identidad de género, sino porque vivo bajo la presión del estrés *de las minorías* y eso es lo que me enferma. La sociedad no me permite la libertad de ser la persona para la que nací y esa es la génesis de mi ansiedad, depresión, trastornos alimenticios, drogadicción y tendencias suicidas".

Si ese análisis es correcto, entonces, nosotros como sociedad debemos considerar el papel que desempeñamos en la acogida de las personas transgénero en la corriente principal de la vida, y hacerlo sin prejuicios ni miedo. Sin embargo, si ese es un diagnóstico equivocado, entonces la Asociación Americana de Psiquiatría (APA) está haciendo un flaco favor al degradar el transgenerismo de un "trastorno mental" a una "disforia". Al hacerlo, solo están afirmando la falsa creencia de una persona sobre sí misma, y eso es una amenaza mayor para la persona que una supuesta sociedad transfóbica.

Desafortunadamente, no hay sangre o prueba de ADN para confirmar la legitimidad o ilegitimidad de la percepción de la persona trans. Esto es problemático para ellos y pone aún más de relieve lo que sucede cuando la corrección política presiona la santidad de la ciencia. Cada vez que la ciencia se vuelve política, toda la investigación y las opiniones relacionadas se vuelven sospechosas. En lo que se refiere a la transexualidad, la voz de lasciencia es políticamente incómoda.

Hay una serie de otros trastornos psiquiátricos de buena fe vinculados a la percepción de una persona de sí mismo: trastorno dismórfico corporal, anorexia nerviosa, trastorno bipolar y bulimia, por nombrar algunos. Aquellos que luchan con tales trastornos realmente creen que sus percepciones sobre sí mismos son reales, al igual que las personas trans creen que la percepción sobre su crisis de género es real. ¿Por qué la APA aceptaría la percepción autoasignado de un grupo, pero no de los otros grupos?

Para ser consistentes, ¿deberían comenzar a tratar la percepción de la adolescente anoréxica de tener "sobrepeso" como si lo fuera? ¿Prescribirán ahora un programa de tratamiento que reconozca la realidad de la percepción de la adolescente y la ponga a dieta? Seguramente, no lo harán. Miran a la adolescente y concluyen que ha abrazado una percepción que no refleja la realidad de su condición. Su tratamiento incluiría, cambiar su percepción sobre su cuerpo, en lugar de ayudarla a cambiar la apariencia de su cuerpo.

El "síndrome de la mano alienígena" es un trastorno de percepción en el que una persona cree que su mano, brazo, pierna o pie no es con quien nació, sino que de hecho pertenece a otra persona. El paciente puede alcanzar hasta rascarse la cabeza con la mano alienígena, y ser sujetado por la otra mano. ¿El tratamiento debe incluir decirle al paciente que su percepción es correcta y que se sentirá mejor si extirpa quirúrgicamente la parte del cuerpo con la que no nació? ¡Estamos seguros de que ningún profesional atento sugeriría curar una dolencia perceptiva de esa manera! Y sin embargo, ¿cuándo se trata de la percepción de la persona trans. . .? ¡Esperemos que hayamos hecho nuestra observación!

LOS HECHOS TAL Y COMO LOS CONOCEMOS

Nuestro objetivo aquí es explicar lo que sabemos, basado en la investigación más confiable hasta la fecha, y ayudar a los padres a tomar las decisiones mejor informadas para sus hijos. ¿Cuáles son los hechos médicos generalmente aceptados relacionados con el transgenerismo?

Primero:Los grupos de defensa y los opositores están de acuerdo en que muchas personas que tienen disforia de género también tienen una serie de otras condiciones de salud mental, como depresión, trastorno de ansiedad y tendencias suicidas. Como se señaló anteriormente, la pregunta vuelve a ¿cuál fue el primero?

Segundo: Los "trastornos mentales" que a menudo se culpan a una sociedad "homofófica" también se encuentran en los mismos porcentajes en las sociedades que abrazan y protegen abiertamente a las personas transgénero. [1] Estas estadísticas desafían el argumento de que la génesis del dolor viene de fuera de la persona.

Tercero: Las tasas de intentos de suicidio dentro de la comunidad transgénero son aterradoras:

46%Los hombres transgénero (de hombre a mujer) intentan suicidarse

42%Mujeres transgénero (de mujer a hombre) intentan suicidarse[2]

Incluso después de que una persona transgénero pasa por una cirugía de reasignación de sexo para convertirse en transexual, la tasa de suicidio de los grupos no disminuye, sino que "aumenta significativamente, 20 veces por encima de la población no transgénero comparable". [3] Aunque es una estadística trágica, es comprensible. La promesa de que la cirugía y la terapia hormonal pueden alterar el género de una persona es una mentira que puede costar hasta un precio de $130,000 para la cirugía de mujer a hombre, y $150,000 para la cirugía de hombre a mujer.

La cirugía de reasignación de sexo puede eliminar superficialmente o agregar algunos rasgos femeninos y masculinos al cuerpo, pero no puede cambiar el género de una persona, ya que la identidad de género es una función codificada del cerebro, y las hormonas de género de la pubertad confirman la identidad sexual del nacimiento. Si hay alguna confusión sobre la identidad sexual de uno, se encuentra dentro del reino de la mente, no del cuerpo. Estos tres hechos deberían ser suficientes para hacer que nuestra sociedad se detenga y diga: "Echemos otro vistazo a esto". Si nosotros, como sociedad, perdemos este diagnóstico (en nombre de la corrección política) habrá millones de personas que buscarán lo que piensan que es medicina, solo para que nos entreguen veneno.

En un estudio publicado por la Biblioteca Nacional de Medicina de Estados Unidos/Instituto Nacional de Salud, afirma: "El énfasis en los derechos civiles no es un sustituto del reconocimiento y tratamiento de la psicopatología asociada. Los especialistas en identidad de género, a diferencia de los medios de comunicación, deben preocuparse por la mayoría de los pacientes, no solo por los que aparentemente están funcionando bien en la transición".

El informe también señaló que el 90% de los pacientes estudiados tenían una forma significativa de psicopatología. [4] Si bien el informe se basó en una muestra extremadamente pequeña de personas transgénero, sus hallazgos fueron consistentes con un estudio más antiguo realizado entre 382 psiquiatras holandeses certificados por la junta. Ese informe observó que de 270 (el 75%) de 359 pacientes, "la identificación del cruz-género fue interpretada como epiphenomenon de otras enfermedades psiquiátricas, notablemente personalidad, humor, disociativo, y desordenes sicoáticos." [5.]

Incluso la Organización Mundial de la Salud (a partir de la impresión de este libro), todavía considera el "Trastorno de Identidad de Género" como una enfermedad mental. Cuando el 30% de la población transgénero se suicida, creemos que tiene más que ver con una negación pública de que tienen uno o más trastornos no resueltos que acompañan a su crisis de identidad de género. El intento de la sociedad de hacer de esto una cuestión de derechos civiles no reducirá las tasas de suicidios en la comunidad transgénero

¿DE QUIÉN ES EL CEREBRO QUE TENGO?

La persona transgénero cree que posee la "naturaleza" que pertenece al género opuesto de su nacimiento. Sin embargo, con el debido respeto, la "naturaleza" masculina y femenina está inseparablemente vinculada y se corresponde con el cerebro masculino y femenino, respectivamente. Esto es consistente con el hecho de que el cerebro masculino y femenino tienen diferencias estructurales significativas que distinguen a los sexos. (Por lo tanto, la sugerencia de que las diferencias entre hombres y mujeres son el resultado del condicionamiento social y no de la estructura, cae en el reino de la ciencia anticuada).

Para validar la posición transgénero de que un individuo está tratando con una naturaleza conflicta y no con una percepción conflicta, entonces el cerebro debe proporcionar la evidencia. Esto es lo que sabemos de una *macro* y *micro* comparación del cerebro masculino y femenino.

Comparaciones de macros

Hasta la fecha, no hay evidencia científica que sugiera, en una comparación macro, que una persona pueda poseer una estructura cerebral de un género, mientras que posee el cuerpo del género opuesto. El género de una persona está determinado por su ADN. Hay más de 6.500 diferencias genéticas entre hombres y mujeres y esas diferencias se reflejan en cada uno de los 37 billones de células de su cuerpo.

Los detalles del género comienzan a aparecer alrededor de la séptima semana después de la concepción. Dependiendo de si el bebé es XX (mujer) o XY (masculino), las hormonas sexuales (de género) correspondientes comienzan a feminizar o masculinizar el cerebro del niño, lo que produce más de 100 diferencias estructurales entre el cerebro de los dos sexos. En general, los hombres tienen cerebros más grandes, incluso después de que se hacen ajustes de estatura física. Las mujeres tienen cerebros más pequeños y condensados. Un cerebro más grande no es igual a una inteligencia superior, sólo una capacidad de procesamiento diferente. La composición del cerebro masculino y femenino también es diferente. Las mujeres tienen más materia gris que los hombres, mientras que los hombres tienen más materia blanca. Sin embargo, las hembras utilizan diez veces más de su materia blanca para la actividad, mientras que los cerebros masculinos utilizan siete veces más materia gris.

La conexión entre los hemisferios izquierdo y derecho es otra diferencia notable. Los cerebros femeninos están mejor conectados entre los hemisferios, mientras que los cerebros masculinos tienen más conexiones dentro de los hemisferios, poseyendo conexiones más fuertes de adelante hacia atrás. Las mujeres suelen tener un sistema límbico más robusto (el centro emocional del cerebro) que los hombres, lo que explica por qué las mujeres son más emotivas, sensibles y empáticas que los hombres.

Las hembras tienen centros verbales en ambos lados del cerebro; los machos tienen uno, que se encuentra en el hemisferio izquierdo. Las hembras tienden a tener una corteza más gruesa (capa más externa del tejido de las células nerviosas del cerebro) que los hombres. Podemos seguir y seguir, pero ¿qué tienen que ver estas diferencias estructurales con la persona transgénero?

De todas las autopsias realizadas a personas transgénero, ninguna de las diferencias estructurales macro-cerebrales está en conflicto con el género de nacimiento de la persona. En otras palabras, la persona transgénero de hombre a mujer todavía tiene un cerebro estructurado por un hombre para que coincida con su cuerpo masculino anterior, y la persona de mujer a hombre todavía tiene predominantemente un cerebro femenino completamente desarrollado. Es imposible que la naturaleza perteneciente al género, se materialice en el cerebro del género opuesto, al menos a nivel macro.

Otro hecho a considerar son los niveles de testosterona, estrógeno y oxitocina. Sería razonable suponer que hay una fluctuación en los equilibrios hormonales para la persona transgénero. Sin embargo, no hay evidencia que sugiera que los niveles de testosterona que se encuentran naturalmente en la persona transgénero masculina biológica estén fuera de equilibrio, ni tampoco los niveles de estrógeno u oxitocina en las mujeres. Además, las hormonas masculinas y femeninas específicamente designadas validaron el género de nacimiento de la persona en la pubertad. Es decir, las niñas se desarrollaron como deberían hacerlo las niñas, y los niños se desarrollaron como los niños.

Micro Comparaciones

Al hacer una micro comparación, hay algunos estudios de neuroimagen transgénero que muestran algunas variaciones de "materia gris" y "materia blanca" en una sección del cerebro llamada "lóbulo parietal inferior". Se ha teorizado que estas variaciones no están sincronizadas con el género de nacimiento de la persona. Para algunos, las anomalías son evidencia suficiente para probar que las personas transgénero sufren de una condición biológica que probablemente estaba allí antes del nacimiento.

Mientras que las exploraciones cerebrales de MRI divulgadas pueden mostrar algunas anomalías no demuestra que una persona posea la impresión neurológica de su género preferido. Lo que no se revela en estos "hallazgos" es el hecho de que también se han notado anomalías cerebrales similares en una amplia gama de trastornos, incluidos el autismo, los subtipos de depresión, la esquizofrenia y una serie de otras enfermedades perceptivas, ninguna de las cuales tiene nada que ver con la disforia de identidad de género. Los estudios que involucran a personas transgénero son pocos en número, tienen un tamaño de muestra relativamente pequeño, utilizan diferentes métodos de investigación y, sin embargo, todos se hacen eco de una conclusión similar, que es decir: no hay apoyo biológico para el transgenerismo.

Sin embargo, por el bien del argumento, digamos que existe una pequeña anomalía de celda "gris" o "blanca" que refleja la identidad de género deseada. Entonces, ¿qué significa? La persona honesta debe preguntar: "¿Cómo surgió la anomalía?" ¿Podría ser el resultado de la terapia hormonal asociada con la cirugía de reasignación transgénero? Sabemos que la terapia de la testosterona y del estrógeno puede producir las anomalías. También podemos aceptar la posibilidad teórica de que una disminución en los niveles de testosterona en el cerebro durante el primer trimestre del desarrollo podría resultar en la masculinización incompleta del cerebro.

Sin embargo, "menos" de algo no equivale automáticamente a "más" de otra cosa. Si existiera algo así como "menos masculinidad", sería bastante presuntuoso suponer que eso equivale a "más feminidad". Lo contrario también es cierto. La falta de estrógeno puede significar muchas cosas, pero automáticamente equivale a un cerebro "masculinizado".

Las anomalías podrían ser el resultado de la respuesta adoptiva del cerebro a la preocupación de la persona por la identidad de género. Por supuesto, también existe la posibilidad de que se trata de una "varianza normal" dentro de la estructura del cerebro humano, y no tiene ninguna aplicación a la identidad de género, el deseo o la crisis.

CONCLUSIÓN

Entonces, ¿dónde deja toda esta información el debate transgénero? Sólo podemos trabajar con lo que sabemos con certeza. En primer lugar, los síntomas de disforia asociados, incluido el comportamiento de alto riesgo y las tasas de suicidio más altas de lo normal, proporcionan pruebas suficientes de que se trata de una afección que necesita tratamiento. Tener un desfile por los derechos civiles con personas que cantan: "¡Igualdad!" no va a ayudar. En segundo lugar, si reúnes a todas las personas transgénero y les proporcionas una isla sin voces de oposición que les griten, los trastornos mentales seguirían existiendo. En tercer lugar, si a todas las personas transgénero se les proporcionara una cirugía de realineamiento sexual de forma gratuita, la disforia seguiría estando allí.

Al final, volvemos de nuevo a la verdad incómoda de que el transgenerismo refleja una perturbación emocional con un origen desconocido. Ese hecho (al menos para nosotros), es suficiente para cambiar la ecuación moral lo suficiente como para dejar espacio para la compasión y la comprensión, no para señalar con el dedo y condenar. Hay condiciones de la mente que impiden que las personas vivan de acuerdo con la forma en que Dios diseñó. Ya sea que lo etiquete como una enfermedad, enfermedad, trastorno o disforia, la condición tiene más control sobre el comportamiento de la persona y las opciones de vida, que su sentido moral del bien y del mal.

Considere la historia del hombre enloquecido con un espíritu inmundo, que vio a Jesús en la distancia e inmediatamente corrió hacia él. Jesús no condenó al hombre ni su comportamiento destructivo — Condenó a los demonios que lo controlaban, (Marcos 5:2-13). Algunas personas viven fuera de los parámetros de lo normal, no porque quieran, sino porque "normal" no está disponible para ellos. Si bien no creemos que las personas transgénero estén controladas por un "demonio trans", creemos que "normal", como la mayoría lo entiende, no es una opción para ellos.

Entonces, ¿cómo debemos responder? Sólo sabemos de una fuente de poder que puede penetrar efectivamente las perturbaciones de la mente, que es el amor de Dios. El amor de Dios es el rostro de la gracia que es capaz de abrazar el dolor de otro, mientras que ofrece la única medicina que realmente puede ayudar.

El amor, la gracia, la compasión y la comprensión son excelentes estrategias para los padres que enfrentan el desafío transgénero. Sin embargo, ¿qué pasa con su deber de proteger a sus hijos de las fuerzas externas intrusivas, preservando al mismo tiempo la inocencia de sus hijos? ¿Qué pueden hacer los padres para asegurarse de que sus hijos estén seguros y confiados con su género de nacimiento? Capítulo Nueve es donde tomamos esa conversación.

Capítulo 9
Una colección de consultas

En esta era de activismo gay, los padres están más preocupados por el desarrollo sexual saludable de sus hijos que en cualquier otro momento de nuestra historia social. El movimiento "gay" es parte del bloque de votación liberal, y como tal, tiene un enorme apoyo de la mayoría de los medios de comunicación, medios impresos, Hollywood, escuelas públicas, tribunales liberales y cuerpos legislativos. Esa es una cantidad significativa de influencia que viene después de sus hijos. Entonces, ¿cómo puede proteger a su familia de la intrusión moral no invitada que es omnipresente e invasiva? Confiamos en que encontrará algunas respuestas en la última sección.

Este capítulo contiene una colección de preguntas que abordan una variedad de preocupaciones sociales y morales compartidas que pesan sobre los corazones de los padres de hoy. Tenga en cuenta que esto no es solo un muestreo de preguntas basado en los Estados Unidos, sino que refleja una preocupación global mucho más amplia. Independientemente de dónde provenían las investigaciones, hay una pregunta universalmente compartida que encabeza todas las demás preocupaciones. Lo más apropiado es que sea el primero en nuestra lista.

Pregunta 1:

Simplemente asumimos que nuestros hijos crecerán de acuerdo con sus inclinaciones heterosexuales, pero ¿hay algo que los padres puedan hacer para ayudar a que ese resultado se convierta en una realidad?

La respuesta está ligada a dar a los niños una identidad "personal" saludable. Por esa razón, sigue practicando aquellas cosas que ayudan a construir una fuerte identidad "familiar". Crear y mantener una identidad familiar saludable es parte del proceso de socialización en el que los niños heredan sus creencias, valores y comprensión personal de quiénes son como individuos. También es el mecanismo por el cual los niños alcanzan un nivel de compromiso con los valores que son importantes para mamá y papá y luego llevan esos valores a la sociedad. No menos importante es el hecho de que el género y la identidad heterosexual de un hijo o hija estarán moldeados por esos valores.

La influencia de los padres siempre será la primera línea de defensa contra la invasión moral. Sin embargo, la influencia de los padres sólo tiene valor si los jugadores clave (papá y mamá), son aceptados como *creíbles* y *confiables*. Si esas dos virtudes no son completamente operativas en la mente del niño, entonces la influencia protectora de mamá y papá se ve comprometida.

Los padres deben mantener proactivamente la integridad de su liderazgo, porque sus hijos siempre están midiendo esa integridad por lo que hacen sus padres. Sorprendentemente, todos los niños se sienten atraídos por los mismos marcadores relacionales que dan sentido a la credibilidad de papá y mamá. Por esa razón, es con urgencia que imploramos a los padres que consideren lo siguiente como una receta que conduce a una identidad saludable para sus hijos. Aquí hay un resumen de qué hacer y qué evitar.

1. Matrimonio fuerte

La fuerza o debilidad dentro de la relación matrimonial es una medida confiable de la fuerza de una familia. Los niños intuitivamente saben cómo medir el compromiso de papá y mamá, y buscan los indicadores predecibles, como "fecha-noche" y "tiempo de sofá". También escuchan los mensajes verbales que incluyen el tono y el respeto verbal dados el uno al otro. La fuerza de su matrimonio es el medio por el cual sus hijos heredan su sentido de seguridad, confianza y confianza en su liderazgo. Un matrimonio fuerte no solo ayuda a validar su identidad familiar, sino que también ayuda a validar y asegurar la identidad de género del niño. No subestimes su poder.

2. El toque de un padre

Si bien no descartaríamos el toque amoroso de una madre, aquí, queremos destacar la importancia de la firma de toque emocional de papá, que es completamente independiente de las mamás. El tuch de un padreno solo fomenta los atributos emocionales positivos del amor, la aceptación, la aprobación, el afecto, el aprecio y la admiración, el toque del papá también ayuda a definir el significado de cada uno de esos atributos en la vida de un niño. Esto sucede porque el toque de un padre es un conducto insustituible de un tipo de aprobación de género, sin igual por ninguna otra relación. Cuando papá no está tocando a sus hijos de forma rutinaria, no está reforzando los otros mensajes de amor recibidos a lo largo del día. No sólo se disminuye el valor de los otros sentidos (específicamente las cosas que los niños ven y oyen), sino que se carece de la base sensorial primaria para la intimidad emocional. Los déficits emocionales crean vulnerabilidades y debilitan el sentido de identidad de un niño, y los límites que lo atan a los valores y creencias de mamá y papá.

3. Evita la parcialidad de género

En la mayoría de los casos, justo antes de que nazca el segundo hijo, los padres se preguntan si pueden reunir la misma cantidad e intensidad de amor para un segundo hijo que para el primero. Tan pronto como nace ese bebé, los padres se dan cuenta de que la respuesta es "¡Sí!" El amor es poderoso, pero también puede ser, aunque involuntariamente, distribuido desproporcionadamente entre los niños.

Hace poco nos encontramos con la historia de un niño, que a la edad de tres años comenzó a adoptar las características de una niña. [1] Los padres estaban, por supuesto, preocupados especialmente a la luz del creciente debate cultural relacionado con la legitimidad de los niños nacidos transgénero. Si uno necesitaba pruebas, el niño ciertamente encajaba en la descripción, agregando apoyo al argumento transgénero de "nacido de esta manera". A los cinco años, el joven alcanzó un nivel de madurez para explicarle emocionalmente lo que le estaba pasando emocionalmente a un consejero. Los padres habían dado a luz a una hija con necesidades especiales. Como resultado, ella recibió naturalmente desproporcionadamente más de su atención y tiempo.

Durante la fase crítica de la niñez, el hijo comenzó a equiparar el amor de mamá y papá a ser asociado con ser una niña, en lugar de un niño. Como resultado de esa percepción, abandonó la característica de un niño pequeño y asumió las características de una niña para asegurar el amor de sus padres.

El hijo no estaba luchando con una identidad de género, estaba tratando de competir con su hermana por el amor y la atención de mamá y papá. Una vez que se reenfocó adecuadamente, volvió a ser el niño que Dios le hizo ser. Esperamos que esta historia ayude a nuestros lectores a reevaluar los mensajes de "amor" que están enviando a cada uno de sus hijos.

4. Evitar el síndrome del "príncipe y la princesa"

El síndrome de la personalidad princesa (o príncipe) no se encuentra dentro de la reserva genética humana, sin embargo, la capacidad de la disposición es, sin embargo, parte de la naturaleza del hombre. En verdad, no existe tal clasificación en ningún manual de diagnóstico psiquiátrico, pero la descripción sí habla de la debilidad de carácter que se materializa cada vez que los padres no logran mover a su hijo más allá del egocentrismo natural de la precodencia a los valores necesarios para compartir la vida con los demás. Si hubiera una debilidad de crianza que pudiera desencadenar la experimentación futura en el estilo de vida "gay", ¡esto sería todo!

Los preadolescentes y adolescentes que nunca se mueven más allá del "Reino de Mí", se convierten en esclavos por sus propias emociones centradas en sí mismos que incluyen celos, envidia, orgullo, ira, miedo y desconfianza. Como resultado, el elevado sentido de auto-importancia del niño se convierte en una barrera para aprender a socializar como un igual. Así, se minimizan las emociones orientadas al otro que normalmente se desarrollan entre la primera infancia y la adolescencia (simpatía, empatía, amabilidad, generosidad y sensibilidad moral hacia la preciosidad de los demás). Eso a su vez afecta negativamente la identidad del adolescente. Se convierte en una "identidad de necesidad". El niño comienza a vivir para la alabanza y la aprobación para sobrevivir dentro del reino de la auto-importancia.

Desafortunadamente, esta necesidad desesperada de aceptación deja al niño psicológicamente frágil y vulnerable. Algunos niños encuentran esa aceptación al identificarse con el estilo de vida gay. No porque el niño sea "gay", sino porque al convertirse en "gay" se encuentran rodeados de aceptación incondicional por parte de aquellos dentro de la comunidad, sin dejar de ser el punto focal de la conversación familiar.

Si te estás preguntando cómo podría ser esto en los años de crecimiento, aquí hay algunas características asociadas con la personalidad del principito y la princesa.

1. *El niño se siente con derecho*: El niño ve el mundo a través de la lente que otros existen para hacerlofeliz. Las reglas no se aplican al príncipe o princesa.

2. *Otros siempre tienen la culpa*: El niño realmente cree en suautoevaluación que cuando algo sale mal, la culpa invariablemente recae en otras personas, o al menos la mayoría de la culpa.

3. *Crítica pero no puede manejar la crítica*: El niño es agresivo cuando se trata de señalar los defectos de losdemás, pero los mismos defectos mostrados por el niño no merecen crítica o juicio. Sus errores son hormigueros, pero el mismo mal en otros son montañas.

4. *Temporalmente apaciguado pero nunca satisfecho*: La novedad de algo nuevo

puede llamar la atención delniño, pero no puede sostenerla. El niño nunca puede estar satisfecho con el status quo porque, la virtud de la satisfacción siempre estará en conflicto con la necesidad del niño de gratificación inmediata.

5. *Fácilmente enojado y vengativo.* Ambos son signos de dolor emocional y vienen con una identidad psicológicamente frágil. Ambos pueden ser desencadenados por celos y envidia dirigidos hacia cualquiera que lo haga mejor, trabaje más duro, reciba más elogios o alcance un nivel de éxito que otros reconozcan.

Sus hijos son especiales, hermosos, inteligentes, talentosos y tal vez incluso dotados. Sin embargo, hay más en la vida que el intelecto y el talento. La vida se comparte con los demás y cuando las virtudes de la oblación nunca se convierten en una prioridad en la vida de un niño, es fácil terminar con un príncipe o princesa bajo tu techo.

5. Nunca le des a los niños conocimiento que no son emocional o intelectualmente capaces de manejar

Como un recordatorio de que cualquier conversación que tenga con sus hijos siempre debe estar alineada con su edad y capacidad emocional e intelectual para comprender el tema. Es muy difícil explicar los problemas de mayor peso asociados con el comportamiento homosexual, cuando la mayoría de los niños carecen de una comprensión básica de los asuntos asociados con las relaciones heterosexuales. Demasiada información dada demasiado antes puede empujar a los niños a vías de curiosidad que sólo la experimentación puede satisfacer.

Además, tenga en cuenta el tipo de preguntas que se hacen. Si su hija de cinco años le pregunta: "¿Qué significa 'gay'?" La respuesta es "feliz". Mantenlo simple. Sin embargo, si su hija de diez años hace la misma pregunta, entonces descubra la razón de la pregunta y acéptela con discernimiento y sabiduría. ¿Qué necesita saber su hijo o qué conceptos erróneos tiene que deben corregirse? Hablar demasiado de un problema con un niño que es joven para entender los problemas, hace más daño que bien.

Pregunta 2:

Un amigo de la escuela le presentó a mi hijo de seis años la palabra "Gay", y le dijo a mi hijo, significa que dos niños se besan como si estuvieran casados. Afortunadamente, mi hijo compartió esto conmigo. Le dije que hablaríamos de ello. Por favor, ayuda. ¿Qué digo?

En primer lugar, cuando preguntas como esta vienen a su manera, siempre por defecto de nuevo a la regla uno. Teniendo en cuenta la edad del niño, ¿es esto realmente una discusión que necesita tener en este momento, o puede descartarla con: "Dos niños besándose como si estuvieran casados? No, ese tipo de besos es para madres y padres. ¿Qué quieres para el almuerzo?" Algo tan simple y tan desdeñoso como esto es a menudo suficiente y eficaz.

Sin embargo, si la pregunta proviene de un preadolescente, entonces tienes que decidir hasta dónde quieres llevar la conversación. La respuesta a esa pregunta depende de si su hijo está en la escuela (donde él o ella será asediado con pensamiento y habla políticamente correctos), o la educación en el hogar en la habitación de al lado. El entorno social, de pares o de autoridad hace una gran diferencia en cómo y cuándo se comparte dicha información con los niños.

Segundo, haga el énfasis principal en lo que la Biblia dice que es bueno y aceptable. Enfatizar la importancia del matrimonio y cómo Dios lo diseñó: entre un hombre y una mujer. Una vez que se establezca ese entendimiento, entonces tendrá más flexibilidad en el tipo de respuesta que puede proporcionar.

Solo tenga en cuenta su objetivo a largo plazo: proteger la inocencia de la única infancia a la que sus hijos tienen derecho. Llegará un día en que su hijo o hija esté lo suficientemente maduro como para manejar una conversación más profunda. Pero hoy no es ese día.

Pregunta 3:

¿Hay algún indicador de comportamiento en la infancia que indique que un niño tiene una inclinación hacia la homosexualidad, como un hijo que quiere jugar con las muñecas de su hermana o usar cosas bonitas, o una hija que es una hasta el extremo? Con toda la discusión sobre la confusión de género y la homosexualidad, ¿hay algo que los padres puedan hacer para alentar a sus hijos en sus roles de género?

Esta pregunta tiene dos elementos distintos que deben separarse en aras de la claridad. Uno es tratar con indicadores homosexuales, el otro es con preocupaciones transgénero. Vamos a tratar con cada uno de forma independiente.

En generaciones pasadas, el estereotipo homosexual incluía a los niños que tenían tendencias femeninas y a las niñas que querían parecerse y actuar como niños. En realidad, ninguno de estos estereotipos tiene nada que ver con la comunidad homosexual. La homosexualidad no se trata de un niño que quiere ser una niña o una niña que desea ser un niño. Esa descripción está más estrechamente alineada con la disforia transgénero.

Los niños pequeños no piensan en términos de identidad de género o confusión. Para ellos, su género es lo que ven cuando van al baño, y no se confunden al respecto a menos que se les plante una idea confusa en su mente.

Como señalamos en el capítulo siete, la mayor amenaza emocional para los niños es cómo se desarrolla la corrección política en los medios de comunicación, la industria del cine y las escuelas. El mensaje político que retrata la homosexualidad como una alternativa normal y saludable a las relaciones heterosexuales debería ser una mayor preocupación para los padres que para un hijo que quiere jugar a disfrazar con las muñecas de su hermana, o una niña que prefiere los pantalones vaqueros azules a las faldas azules.

La mayoría de los niños pequeños se caracterizan por el juego de ruff y tumble, pero un pequeño porcentaje se sienten atraídos por el comportamiento suave y tierno; jugar a disfrazar entra en esa categoría. Nada de qué preocuparse. Tales inclinaciones tiernas no son sintomáticas de la atracción pre-homosexual. Para el primer grupo, aconsejamos a los padres que enseñen a sus hijos cómo se ve y suena la ternura. Con el segundo grupo, aconsejamos a los padres que fomenten un comportamiento "infantil" más típico. Lo mismo es cierto con las hijas que podrían mostrar un mayor interés en escalar un árbol que jugar con sus muñecas.

En ambos casos, los padres no deben entrar en pánico, ni hablar con sus hijos en tonos temerosos, o comunicar que el comportamiento que se muestra es malo, incorrecto o no acorde con su género. En su lugar, anime al niño en sus roles de género, pero no haga que su género sea tan restrictivo, que ni siquiera Dios lo reconozca.

En lo que se refiere al género y la identidad de género, el énfasis de un padre no debe estar en prohibir jugar a disfrazarse, sino en asegurarse de que está alentando actividades que complementan la propensión natural del niño. Éguelo que se vista de acuerdo a su género. Tire en la caja de disfraces una de las viejas corbatas, chaquetas, sombreros o camisas de papá.

Creemos que las Escrituras son muy claras con respecto a la cuestión del género. En Génesis 1:27 leemos la declaración definitiva de Dios:

Así que Dios creó al hombre a su propia imagen, a imagen de Dios lo creó; hombres y mujeres los creó (Génesis 1:27).

Esta porción de las Escrituras es la primera narración que resalta las diferencias de género. No sólo revela la singularidad de la creación del hombre —que todos fuimos formados a imagen de Dios— sino que también revela cómo Dios decidió reflejar Su imagen creando a la humanidad, masculina y femenina.

El concepto de hombre y mujer que llevan la imagen de Dios también habla de predisposiciones y propensiones de género. Hombres y mujeres, niños y niñas son diferentes por el diseño intencional de Dios. Las mujeres son por naturaleza más tiernas, gentiles, pacientes y cariñosas. Esto viene del lado gentil del carácter de Dios. En contraste, los hombres son más sensibles al dominio, protectores y vigilantes, y son proveedores y cazadores-recolectores. Esto habla del lado masculino de la naturaleza de Dios.

Es por eso que el matrimonio, masculino y femenino, es el reflejo más cercano del carácter de Dios dentro del orden creativo. No puede ser duplicado por matrimonios entre personas del mismo sexo. La identidad de género es poderosa, y lo único que realmente puede socavarla es cuando los padres no reconocen que las propensiones de género son el resultado del diseño de Dios. "Los hizo hombres y mujeres". Esa es una verdad fija del universo.

Sin embargo, los padres no deben estar limitados por tradiciones sociales que no tienen validez bíblica. Los niños pueden ser grandes cocineros, amar el ballet y ser expertos tejedores de cestas, y las niñas pueden hacer grandes jugadores de béisbol, constructores de casas y recortadores de árboles cortando sierras de cadena. La actividad lúcada puede facilitar el género de un niño, pero no lo define, ¡el cerebro sí!

Pregunta 4:

Acabamos de recibir una invitación de nuestra sobrina, que se va a casar. Desafortunadamente, se está casando con otra mujer. Nuestro primer impulso fue no ir. Pero ahora estamos teniendo dudas. ¿Debemos asistir o no?

Primero, el problema aquí no es la boda de su amada sobrina, sino lo que la boda representa en términos del diseño original de Dios. Su asistencia es una especie de respaldo de lo que está ocurriendo. ¿Es este el tipo de boda que puedes apoyar?

Por otro lado, hay otro lado de esto: Tenemos amigos que se enfrentaron a tener que tomar esta decisión. Decidieron asistir a la boda de su sobrina, pero de antemano declararon que su presencia no era un respaldo a su estilo de vida, sino que reflejaba el amor que tienen por ella. También tomaron en consideración que eran la única voz de Cristo en la vida de su sobrina, y eso no era algo que estuvieran dispuestos a poner en peligro.

En segundo lugar, ¿cómo explicas la boda de la sobrina con tus hijos? Una vez más, eso dependerá de la edad, la madurez y la necesidad de tener información específica de cada niño. Si sus hijos tienen la edad suficiente para entender lo que está pasando, entonces recomendamos que los padres vinculen su explicación a la intención original de Dios para el matrimonio y lo que representa una ceremonia de boda.

Finalmente, recuerde, preguntas como esta no tienen respuestas fáciles, e independientemente de lo que decida, o cuán puros sean sus motivos, su decisión probablemente será criticada por alguien. ¡Cuenten con ello!

Pregunta 5:

Tengo una amiga cercana que viene a la ciudad, que quiere pasar por aquí con su pareja lesbiana y pasar la noche. Amo a mi amiga, pero amo más a mis hijos y no quiero que estén expuestos a su estilo de vida. Decir: "No estás invitado", parece grosero y poco amoroso, pero no decir nada condona el comportamiento. ¿Ayuda?

Proteger la inocencia de sus hijos es una prioridad. ¿Hasta qué punto estás dispuesto a arriesgarte con su inocencia? Aquí volveríamos a señalar al lector al Apéndice C, que contiene una fórmula viable para tomar decisiones sabias. Además de esa información, alentamos a los padres a buscar otras opciones que puedan funcionar para ellos. ¿Consideraría adquirir una habitación de hotel para su amigo, en lugar de quedarse en su casa? En lugar de pasar la noche, ¿puede reunirse en algún lugar para cenar, o un desayuno temprano, o, si su amigo está pasando la noche, tal vez este es un buen momento para que los niños tengan un sueño en la abuela y el abuelo, o la casa de un amigo.

La conclusión es esta. Usted puede tener la confianza de que su amigo será discreto, pero si usted no sabe nada acerca de su amigo, entonces usted puede estar colocando a sus hijos en una situación vulnerable y verse obligado a explicar prematuramente las cosas, que sus hijos no necesitan saber en las edades actuales.

Pregunta 6:

Mi hermano acaba de declarar que era Gay y al contarle a la familia, dijo que siempre había sentido una mayor atracción por los niños que por las niñas. Pero, recuerdo todos sus romances de la infancia, y todos eran con chicas. ¿Por qué debería de repente creer la afirmación de mi hermano de que siempre ha tenido una atracción hacia personas del mismo sexo?

En este caso, la hermana no tiene ninguna obligación de aceptar la afirmación de su hermano porque la afirmación de "siempre me sentí así" no puede ser validada. Esa puede ser una de las razones por las que se alienta a los nuevos reclutas al estilo de vida "Gay" a compartir declaraciones similares con los miembros de la familia. Es una forma de controlar la narrativa. Controla la narrativa y tú controlas el argumento (incluso si la narrativa es falsa).

Una táctica similar se encuentra dentro de la comunidad transgénero. Abordamos esto en el capítulo ocho. Los niños adultos transgénero están pidiendo a sus padres que no se refieran a su infancia anterior como "mi hijo" o mi hija" sino que hablen en plural, refiriéndose a "ellos" o "ellos". Uno era un niño físico y el otro era un niño emocional, por lo tanto, ambos deben ser reconocidos como "ellos" o "ellos", pero nunca como "él" o "ella". Al igual que otras doctrinas "políticamente correctas", haz que suficiente gente lo diga, entonces eventualmente todo el mundo lo aceptará como un hecho.

Pregunta 7:

¿Cómo explico a mis hijos que su tía favorita Barbie está recibiendo tratamiento para convertirse en el tío "Brad", sin entrar en los detalles de la transexualidad?

El primer desafío es decidir lo que usted cree acerca de la condición. Si es simplemente una función de nacer en el cuerpo equivocado, entonces usted tiene un suministro interminable de consejos de Internet a los que recurrir. Sin embargo, si rechazas esa premisa, entonces el desafío es un poco más complicado.

Si bien no podemos ofrecer las palabras exactas para compartir, podemos ofrecer algunas ideas a considerar. Primero, mantenga cualquier explicación "apropiada para la edad", proporcionando solo la información que realmente se necesita. En segundo lugar, tenga en cuenta que usted y sus hijos se enfrentan al desafío de la corrección política. Eso significa que como padres, usted debe desmalezado a través de una serie de mitos y conceptos erróneos con respecto a la transexualidad. Confiamos en que el capítulo ocho haya proporcionado cierto entendimiento fundamental en ese sentido.

Al final, lo que la tía Barbie realmente necesita es una forma compasiva de terapia que la corrección política no puede proporcionar. Ella necesita un mejor diagnóstico y atención para los trastornos coexistentes que a menudo se encuentran, que están presentes en la mayoría de la población transgénero.

Pregunta 8:

Mi hijo de 9 años fue invitado por su amigo a una aventura en el baño de las niñas y le dijeron que si las atrapan solo decía: "Hoy me siento como una niña". Afortunadamente, mi hijo no se unió a su amigo (ni entendía de qué estaba hablando). ¿Cómo le explico el error de ir al baño de las niñas, sin tener que lidiar con el tema transgénero?

Sería prudente no hacer de la transexualidad el tema central, o incluso plantearlo en absoluto. Destaque lo que es: una cuestión de respetar la privacidad. Indíquele a su hijo que no importa lo que sus amigos o los funcionarios de la escuela digan que está "bien", por respeto a las niñas, solo debe usar el baño de los niños. El mismo mensaje debe ser dado a sus hijas. El bien es correcto, incluso cuando nadie lo está haciendo, y el mal está mal, incluso cuando todo el mundo lo está haciendo. Mantener ese recordatorio frente a sus hijos ayudará a fortalecer sus valores y fortalecerá su determinación de actuar con decoro.

Pregunta 9:

Una amiga de la escuela de mi hija compartió que creía que si dos personas se aman, deberían tener derecho a casarse, independientemente de su orientación sexual. Mi hija no sabía cómo responder, así que no dijo nada. ¿Cómo explicamos esto a mis hijos?

El matrimonio, ya sea en la iglesia o en la sala del tribunal, no es ni puede ser definido por la única categoría de *amor,*como tampoco puede ser definido por *la intimidad.* Ciertamente, el amor y la intimidad son componentes importantes, pero no son los criterios para justificar legalmente el matrimonio. Si así fuera, entonces los hermanos y hermanas, o dos primos hermanos, deberían tener el derecho constitucional de casarse y recibir beneficios sociales y gubernamentales. Sin embargo, ni un solo Estado de la Unión lo permitirá (y por una buena razón). ¿Qué pasa con la poligamia (un marido, dos o más esposas) o la poliandria (una esposa, dos o más maridos)?

Si se "aman" unos a otros, ¿por qué deberían prohibirse los mismos beneficios legales que otros disfrutan? Si el "derecho a casarse" está enterrado en la constitución, ¿no debería concederse ese derecho a todo ciudadano que busca su felicidad? Por supuesto, la respuesta es "¡No!" Si el amor y la intimidad son las únicas casillas para verificar el matrimonio, entonces negar cualquiera de las otras relaciones anteriores equivaldría a una discriminación basada en el grupo.

De hecho, ese es el punto que el Presidente del Tribunal Supremo John Roberts hace en su opinión disidente en la Ley de Matrimonio entre Personas del Mismo Sexo de la Corte Suprema de los Estados Unidos, que la lógica aplicada por los jueces de la mayoría al matrimonio entre personas del mismo sexo puede emplearse con la misma facilidad para defender la poligamia. El Presidente del Tribunal Supremo escribió: "Es sorprendente cuánto del razonamiento de la mayoría se aplicaría con la misma fuerza a la reclamación de un derecho fundamental al matrimonio plural". [2] Simplemente afirmar que el amor entre dos personas justifica el matrimonio, gay o de otro tipo, hace que la institución del matrimonio sea socialmente menos valiosa.

Pregunta 10:

El profesor de historia de nuestro hijo le dijo a la clase que la institución del matrimonio está en constante evolución. Es por eso que el matrimonio gay debe ser aceptado como el siguiente paso en el proceso evolutivo. ¿Cómo contrarrestar una idea que suena razonable, pero que sabes en tu corazón, no está bien?

La historia confirma el hecho de que hay aspectos del matrimonio que han cambiado. Algunos matrimonios se forjaron en palacios extranjeros con la única intención de solidificar reinos. Algunas culturas y religiones nunca le dieron una oportunidad al amor. Otros matrimonios eran arreglados por un jefe tribal o un casamentero religioso, o requerían la aprobación del consejo de la aldea.

Independientemente de cómo se produjo la institución del matrimonio, cambió con el tiempo o a través de las civilizaciones, un hecho siguió siendo el mismo: el matrimonio siempre ha sido entre un hombre y una mujer, siendo la procreación un objetivo final común. La unión de un hombre y una mujer es anterior a todos los gobiernos, constituciones y dictaduras, y siempre ha sido vista como una institución que sirve al bien común y a la perpetuación de las generaciones futuras. El hecho histórico sigue siendo que la unión que une las diferencias sexuales (masculinas y femeninas) forma la esencia del matrimonio. Quita las diferencias sexuales y puedes tener una unión entre dos personas, e incluso pueden amarse, ¡pero no tienes la esencia del matrimonio!

REFLEXIONES FINALES

En una tierra lejana vivía un Rey que tenía una hermosa hija a la que amaba mucho. [3] Él quería que su hija fuera capaz de ver la belleza interior que vio en ella, por lo que tenía un espejo mágico especial hecho para su cumpleaños. Sin embargo, antes de que llegara ese día, murió repentinamente. El espejo, en lugar de reflejar su belleza interior, reflejaba el aguijón del dolor, la pena y la tristeza del rey.

Tan devastado que el Rey decidió que todos los súbditos del reino debían compartir su dolor. Lanzó un hechizo que hizo que todos vieran solo lo peor en otras personas, especialmente en las que amaban. Con el tiempo, todos se volvieron unos contra otros destruyendo el reino que una vez fue bueno.

La corrección política es el hechizo moderno que busca hacer que los ciudadanos del mundo sólo teman y vean lo peor en las personas. En lugar de ser una nación unida, ahora somos una nación de subgrupos políticos, que luchan entre sí. En lugar de unir a las personas con valores compartidos y un consenso moral, la corrección política divide al vecino de nuevo al vecino, a la comunidad contra la comunidad. El odio incitado por un falso sentido de victimización, sólo crea más víctimas. Al final, nadie será ayudado, pero todos serán heridos.

Los defensores de la corrección política buscan normalizar el comportamiento homosexual y transgénero como una alternativa saludable y aceptable a las relaciones heterosexuales amorosas. Sin embargo, suprimir los hechos evidentes asociados con el comportamiento de alto riesgo para crear una sensación de "normalidad" es abusivo para el grupo y un peligro para la sociedad. Que os alentamos a que se mantenga firme en vuestras convicciones, porque si no representas nada, acabas de estar de acuerdo con todo; y eso no va a ayudar a nadie, especialmente a sus hijos o al país que algún día heredarán!

Apéndice A
La revolución sex-ed

por Audrey Warner, Colaborador

ue llamada la "revolución sexual", con amor libre, sexo libre y la eliminación de todas las restricciones morales. Para que cualquier idea revolucionaria gane tracción, alguien debe liderar el camino. En la década de 1950, ese hombre era Alfred Kinsey. Sus obras publicadas de 1948 y 1953 le valieron el título de "Padre de la Revolución Sexual".

Inicialmente, nadie se dio cuenta de lo socialmente influyente que llegaría a ser o la medida en que falsificó sus datos para lograr su notoriedad. Para entender el impacto de largo alcance de los informes del Dr. Kinsey, basta con retroceder en el tiempo hasta el siglo pasado. Fue en la década de 1930 cuando el Dr. Kinsey, formado como zoólogo y sirviendo como profesor de biología en la Universidad de Indiana, comenzó a desviarse de su especialidad científica, la "avispa gallar", a su pasión desenfrenada: la sexualidad humana.

El Dr. Kinsey creía que la sexualidad humana no debía estar atada a la moralidad, sino más bien vista desde una función estrictamente biológica. En su paradigma humanista, el hombre es el producto final del azar biológico, vacío de un alma, espíritu o un Dios redentor. Por lo tanto, todo sexo debe ser visto a la luz de un proceso biológico, sin restricciones de la moralidad.

En menos de una década de sus informes publicados, se convirtió en lo que Gore Vidal llamó, "el hombre más famoso del mundo". Sus dos estudios publicados incluyeron, "Comportamiento sexual en el hombre humano," en 1948 y "Comportamiento sexual en la mujer humana," en 1953. Dado que inicialmente se pensó que los Informes Kinsey eran autoritarios y confiables, sus hallazgos produjeron cambios revolucionarios en la ley, la medicina, la ciencia, la educación e incluso en los ministerios cristianos en el ámbito de la conducta sexual pública, según la Dra. Judith Reisman, autora de Kinsey: Crimes and Consequences (1998, 2000). Incluso el moderno "Movimiento por los Derechos de los Homosexuales" fue un spin off directo de los escritos de Kinsey. La industria de la pornografía de hoy en día es un resultado directo de la influencia Kinsey.

LA CRISIS DE LA INVESTIGACIÓN

A principios de la década de 1980, el Dr. Reisman comenzó a mirar más de cerca las ideas revolucionarias y el método "científico" del Dr. Kinsey. Lo que descubrió fue la falta de divulgación pública completa de los métodos utilizados por Kinsey para recopilar sus datos y sus medios fraudulentos para obtener los resultados deseados. Hoy en día, se sabe públicamente que Kinsey contrató pedófilos para "experimentar" con niños. En su propio volumen "Male", los informes de nueve pedófilos, que manipulaban a los niños, se utilizaron como parte de su conclusión autorizada de que los niños son seres eróticos desde el nacimiento con un deseo y capacidad para el sexo. Concluyó que "donde hay capacidad, debe haber libertad".

Inicialmente, los Informes Kinsey se consideraron impresionantes, porque los hallazgos supuestamente se basaron en 18.000 entrevistas. Sin embargo, sólo alrededor de una cuarta parte de ellos fueron realmente procesados y utilizados en sus dos informes. Aproximadamente el 86% de los encuestados que llegaron al volumen "Masculino" de Kinsey se basaron en desviados sexuales y delincuentes sexuales registrados, incluidos 1,600 delincuentes sexuales. Los Informes Kinsey afirmaron que este grupo representaba al hombre estadounidense promedio. Aquellos informes que no coincidían con el resultado deseado de Kinsey fueron desechadas.

En la década de 1960, el modelo revolucionario de Kinsey de la sexualidad humana era una parte estándar del plan de estudios a nivel universitario. En 1964 SIECUS, el (Consejo de Información y Educación Sexual de los Estados Unidos), fue formado por líderes de la nueva reunión de sexualidad en el Instituto Kinsey. El propósito principal de la existencia de SIECUS era enseñar el modelo Kinsey de la sexualidad humana, (es decir, todo vale en cualquier lugar y en todas partes). SIECUS se convirtió en el centro de recursos para la distribución de información, incluidos materiales de capacitación para maestros y profesionales de la salud, así como programas de estudio de muestra para el aula.

Desde las aulas de las escuelas de medicina hasta las aulas de jardín de infantes, SIECUS publicó directrices para la Educación Sexual Integral, y esto se ha infiltrado en todos los rincones de la sociedad estadounidense. Estas pautas fueron creadas por el "National Guideline Task Force", un comité compuesto por asociados y discípulos de Kinsey, incluidos Planned Parenthood y la Fundación Nacional de Salud de Lesbianas y Gays, por nombrar algunos.

Desde 1964 hasta el presente, el Instituto Kinsey, Planned Parenthood y SIECUS (todos receptores de subvenciones de la revista Playboy) enseñaron el nuevo estándar en las aulas de Estados Unidos. Debido a que la enseñanza de la educación sexual es obligatoria en la mayoría de los estados, los maestros son capacitados en el modelo Kinsey a nivel universitario antes de ingresar al aula para enseñar a nuestros hijos educación sexual. Aunque nuestra sociedad se ha vuelto mucho más abierta en lo que respecta a los asuntos de sexualidad, la mayoría de los padres de hoy en día se sorprenderían al darse cuenta del grado de conocimiento sexual explícito que el Instituto Kinsey busca proporcionar a sus hijos. Por ejemplo, las "21 cosas que SIECUS quiere que sepa su hijo de cinco años" violarían la conciencia de la mayoría de los adultos. Si esto es lo que propagan para los niños de 5 años, imagine su lista y planes para los preadolescentes y adolescentes que viven en su hogar.

Las enseñanzas de Kinsey son ahora parte de la fibra moral de nuestro mundo, pero la buena noticia es *que Proteger la inocencia de la infancia* ha hecho su entrada en el escenario mundial. Es como dice la portada: "Proteger algo precioso para perder". Es decir, la inocencia que pertenece a la infancia. áreas de fuerza?

Nota delcolaborador: Audrey Warner (RN, B.S.N., M.A.) es la fundadora de The Matthew XVIII Group, una oradora pública sobre los problemas de salud de las mujeres y la influencia de la ciencia de Kinsey en la Iglesia, y es autora de *How Not to Talk to Your Kids About Sex.* Audrey también es una madre, esposa y líder de Growing Families desde hace mucho tiempo. Agradecemos su contribución en este Apéndice.

Apéndice B
El poder de la imaginación

❦

La imaginación humana es uno de los atributos reflexivos de Dios transferidos al hombre en la creación. Nuestra imaginación nos permite crear un "pensamiento" a partir de una experiencia anterior, o crear un nuevo "pensamiento" sacando fragmentos independientes de nuestra memoria, y entretejiéndolos para formar imágenes mentales de algo que nunca hemos visto o experimentado antes.

Por ejemplo, usted está de pie junto a la chimenea calentando desde el frío de una lluvia fría y empezar a pensar en las vacaciones de la isla de Tahití del verano pasado. Cierra los ojos y visualiza las muchas vistas y sonidos asociados con la larga playa blanca y arenosa y el agua tropical de color azul verdoso. Se puede escuchar el agua lamiendo en la orilla. Puedes verte acostado en una de las sillas de playa de rayas azules y blancas, descansando a la sombra de una fila de cocoteros, sus troncos se doblan hacia el mar para encontrarse con el sol de la mañana. Más abajo en la playa hay varios coloridos barcos de pesca volcados; la proa de cada barco cubierto con redes de pesca de color naranja secando al sol. Una brisa marina cálida y suave lleva el aroma refrescante del océano y el sonido de la gaviota y la ocasión se abalanza hacia el agua azul verdosa y vuelve a subir.

Incluso si nunca ha estado en Tahití, hubo suficientes desencadenantes descriptivos en el ejemplo que permitieron que su imaginación replicara unas vacaciones junto al mar. Las palabras que usamos para describir la escena de la playa ya estaban en su memoria. Su mente puede evocar las dos sillas despojadas de azul y blanco, una fila de cocoteros que se doblan hacia el mar y algunos barcos volcados cubiertos con redes de pescado.

Su imaginación hizo esto al ir a la memoria y levantar una variedad de escenas de playa, palmeras, barcos y redes de pesca almacenadas de experiencias anteriores. Algunas imágenes provenían de calendarios brillantes, anuncios de resorts, películas, fotos o una descripción de las vacaciones de alguien. Su imaginación tira de todos los detalles, edita lo que quiere o necesita, y luego crea una escena completamente nueva. Una vez que la imaginación lo crea, la mente no lo olvida pronto.

El popular sitio web, "Pinterest", es una colección de ideas de arte decorativo, moda y organización del hogar de individuos. En el nacimiento de cada ejemplo estaba la inspiración de alguien, alimentada por su imaginación que los llevó a crear algo nuevo y diferente. Entonces alguien visita su página, se inspira, y mediante el uso de su imaginación, crear algo completamente nuevo. ¡No hay fin a lo que la imaginación puede crear una vez motivada! Sin embargo, dado que la "imaginación humana" está sujeta a un proceso de pensamiento de libre albedrío, puede servir tanto a los placeres buenos como a los ilícitos.

¿Cómo funciona?

La imaginación es estimulada por una de tres actividades:

1. Acción o actividad

2. Emociones fuertes

3. Excitación sensual y curiosidad

Aunque la escena de la playa de Tahití contenía algo de acción, las olas, las suaves brisas, las gaviotas en abalanzamiento e incluso algunas emociones asociadas con el deseo de regresar a un lugar cálido, no tenía ningún "desencadenante sensual". Su imaginación estaba trabajando para el disfrute no sexual, la comodidad y el placer.

Sin embargo, cada ser humano posee igualmente la capacidad de evocar lo que la Biblia se refiere como "imaginaciones malignas". Génesis 6:5, dice "... toda imaginación de los pensamientos de su corazón era sólo mala"." En otros versículos, la imaginación maligna se conoce como "concepciones" del corazón, o "tramas del corazón" o "esquemas malignos" del corazón, c.f. Deuteronomio 29:19, Jeremías 3:17, Proverbios 6:18 y Lamentaciones 3:60,

Las únicas cosas que protegen nuestra mente (y la mente de nuestros hijos) son los límites que ponemos en nuestra vida mental. El niño expuesto a escenas de violencia sin filtrar queda atado a esas escenas. Las escenas se recogen y almacenan en la memoria y se vuelven accesibles a la imaginación del niño.

Más específicamente, el joven adolescente expuesto a la pornografía responderá a cualquier situación de la vida real que le recuerde las imágenes pornográficas. Esto sucede porque las diversas imágenes y el vocabulario asociado que ahora se almacenan en su (o ella) memoria se convierten en los desencadenantes incidentales, moviendo la mente para crear escenas imaginarias de excitación que son similares a lo que ya está almacenado en su memoria.

Los niños y el conocimiento sexual

Los niños que reciben conocimiento sexual antes de que estén moral o emocionalmente listos para procesar dicho conocimiento son más susceptibles a los estímulos orientados al sexualidad. Las palabras y las partes del cuerpo que están específicamente ligadas al placer sexual se almacenan en la sección de excitación del cerebro y se encienden con los más leves estímulos. Las imágenes que parpadean en una pantalla, las letras de una canción o una valla publicitaria al borde de la carretera pueden despertar la curiosidad que conduce a la fantasía. Para satisfacer los circuitos de recompensa del cerebro, la búsqueda y la experimentación se convierten en los impulsos dominantes, incluso para los niños.

El punto es que, a pesar de las buenas intenciones de un padre, las palabras guardadas y las advertencias de pureza del Libro de los Proverbios, todas pueden ser socavadas en minutos, una vez que un niño es introducido prematuramente al conocimiento sexual, sin la capacidad de procesar moral o emocionalmente dicho conocimiento.

Esto nos lleva de nuevo a la distinción fundamental entre el Método Directo de Educación Sexual, que utiliza el conocimiento sexual explícito para comunicar contenidos, y el Método Indirecto que no sobrecarga la mente de un niño con desencadenantes sensuales, sino que proporciona el conocimiento biológico necesario de una manera que no activa la imaginación ni desafía las emociones del niño. La ausencia de conocimiento sexual "específico" significa que la imaginación moral de un niño pequeño no puede ser injustamente tensada u obligada a traer imágenes sexuales o fomentar pensamientos inapropiados. Todo esto es parte de mantener la inocencia de la infancia, ¡inocente!

Si bien ningún padre puede vigilar la imaginación moral de su hijo, puede protegerla manteniendo un ambiente hogareño que da vida y que marcha al ritmo del himno filipenses 4:8: *Finalmente, hermanos, todo lo que es verdad, todo lo que es honorable, lo que es correcto, lo que es puro, lo que es encantador, lo que es de buena reputación, si hay alguna excelencia y si hay algo digno de alabanza, detengámonos en estas cosas.*

Apéndice C
Cómo tomar una decisión sabia

El mundo simple de un niño pequeño siempre da paso a un mundo más complejo de la primera infancia. La primera infancia entonces da paso al mundo aún más complejo del preadolescente y luego del adolescente. Cuanto más complejo sea el mundo del niño, más a menudo se les pedirá a los padres que tomen decisiones que conllevan algún nivel de riesgo. Por ejemplo, un preadolescente busca permiso para ir a algún lugar, hacer algo o estar con alguien con quien mamá y papá no están familiarizados o no favorecen como influencia.

Eventualmente, todos los niños hacen solicitudes que ponen a prueba los límites de "dejar ir", por no mencionar los límites de la sabiduría de mamá y papá. A pesar de que un padre toma en consideración la edad del niño, las fortalezas del carácter y las debilidades, así como las propensiones positivas o negativas, ¿cómo sabrá que su decisión es la decisión correcta? ¿Cómo pueden saber si han sopesado correctamente todos los riesgos potenciales asociados con una respuesta "Sí" frente a todos los beneficios potenciales de una respuesta "Sí"? ¿Cómo sabrán si un "No" es demasiado limitante o poco realista, por no mencionar la decepcionante para que su hijo lo escuche?

Eche un vistazo a los tres escenarios siguientes. Si te enfrentaras a desafíos similares, ¿qué harías y por qué?

Uno:Su hijo o hija llega a casa de la escuela con un boletín que anuncia que la próxima semana la escuela tendrá una Semana de Concientización Gay / Lesbiana con oradores especiales de la alianza Gay y Lesbiana. ¿Permitirá que su hijo participe, o lo mantendrá en casa durante esos días?

Dos: "Papá, un montón de los chicos están conduciendo hasta el gran juego, y me pidieron que conduzca. Sé que solo tengo mi permiso, pero el hermano de Jimmy tiene 19 años, y él irá con nosotros. Por lo tanto, él puede ser el adulto en el coche! ¿Puedo conducir el coche al juego?"

Tres: "Mamá, el hermano de Martha está teniendo una fiesta para el equipo de baloncesto de secundaria, y me preguntó si podía ayudarla a servir y limpiar después de la fiesta. Luego pasaba la noche en su casa. Ella sabe que tengo que consultar con ustedes, pero tengo muchas ganas de ir".

Usando los ejemplos anteriores, vamos a conectar el nombre de su hijo en la línea de la historia. Así es como un padre puede ganar un mayor sentido de confianza en que su respuesta "Sí" o "No" o "Tal vez" es la respuesta correcta.

Cuando se enfrenta a un desafío similar al que se presenta en el escenario uno, o solicitudes similares a los escenarios dos y tres, puede encontrar confianza en su respuesta aplicando primero las siguientes cuatro preguntas a la solicitud:

1. Si usted dice: "Sí", a petición de su hijo, ¿qué es lo mejor que puede suceder?

2. Si usted dice: "Sí", a petición de su hijo, ¿qué es lo peor que puede suceder?

3. Si usted dice, "No, "a la petición de su hijo, ¿qué es lo mejor que puede suceder?

4. Si usted dice: "No", a petición de su hijo, ¿qué es lo peor que puede suceder?

Como herramienta de evaluación, las cuatro preguntas se pueden aplicar a una serie de decisiones relacionadas con la crianza de los hijos, las finanzas, los negocios, la salud y las decisiones del ministerio. Aunque no conocemos el origen de esta herramienta analítica en particular, creemos en su valor en el contexto de la crianza de los hijos. Al trabajar a través de estas cuatro preguntas, los padres ganarán un mayor sentido de confianza en que su decisión es la mejor decisión, porque cada pregunta fuerza la consideración de hechos y variables que a menudo se pasan por alto.

Sin embargo, no se detiene solo con una evaluación del riesgo por parte de los padres. A medida que los niños crecen a través de los años intermedios, los padres necesitan llevarlos a la conversación y trabajar a través de las mismas preguntas, para que como padres, estén liderando por la fuerza de su influencia relacional y no por el poder de su autoridad.

Al considerar juntos las posibles "consecuencias" asociadas con "Sí" y "No", y compararlas con el potencial "bien" asociado con "Sí" y "No", el preadolescente y el adolescente aprenderán cómo asignar un valor a los "beneficios" y "riesgos" de sus propias decisiones. Ellos también aprenderán a evaluar sus propias solicitudes, no en función del contenido emocional del momento, sino del potencial de "riesgo" frente a "beneficio" asociado con su decisión.

Ningún padre puede saber con absoluta certeza que su "Sí" o "No" es la respuesta más prudente o sirve al mejor interés del niño. Sin embargo, al insertar las variables que se aplican a cada una de las cuatro preguntas, los padres pueden al menos minimizar el riesgo potencial de un resultado negativo y maximizar la posibilidad de que estén tomando la decisión correcta y, en última instancia, mantener a su hijo adolescente a salvo.

Notas

Capítulo 3

1   Recurso recomendado: Loper, Amie, Loper, Carol J. (2007) *The Miracle of Life,* Maggie Valley, NC: Biblical Standard Pub. (Encuentra este libro en: *www.parentingmadepractical. com)*

Capítulo 4

1   Recurso recomendado: Loper, Amie, Loper, Carol J. (2007) *The Miracle of Change,* Maggie Valley, NC: Biblical Standard Pub. (Encuentra este libro en: *www.parentingmadepractical. com)*

Capítulo 5

1   Campbell, Dennis. "La educación sexual no es relevante para la vida de los alumnos", *The Guardian*, [Reino Unido], 12 de septiembre de 2016, Web 4 de octubre de 2017

Capítulo 6

1   Ward, Mark. "Web Porn: ¿Cuánto hay?" *BBC News,* (julio de 2013) Web 26 de octubre de 2017

"Los efectos perjudiciales de la pornografía en los niños pequeños", *Net Nanny* (6 de diciembre de 2017), Web Oct 26, 2017

3   Ibíd. (Acceso 26 de octubre de 2017)

4.   Ibíd. (Acceso 26 de octubre de 2017)

5   Ibíd. (Acceso 26 de octubre de 2017)

6   Pandey, Sujal,. "¿Qué tan grande es la industria del porno?" *Informe*, (21 de mayo de 2016) Web 26 de octubre de 2017

Capítulo 7

1 Williams, Mary. "Incluso los padres gay-friendly todavía asumen que sus hijos son heterosexuales", *Salon.com* (15 de marzo de 2013) Web 7 de noviembre de 2017

2.   En lo que se refiere a las estadísticas citadas a lo largo de este libro, los autores intentaron utilizar estadísticas que pudieran ser corroboradas por múltiples fuentes.

3.   A pesar de que la acusación original relativa a la decisión de la APA de "normalizar" la homosexualidad puede ser más cierta de lo que el liderazgo de la APA está dispuesto a admitir, los autores opinan que la clasificación original que enumeraba la homosexualidad como un trastorno psiquiátrico en la misma categoría que la esquizofrenia y la depresión

maníaca era errónea para empezar. Mientras que un cierto nivel de desorientación emocional puede precipitar una orientación del mismo-sexo, no se levanta al nivel de un defecto humano que necesita de la terapia de droga y de la descarga eléctrica. Nuestra conclusión personal no sugiere que no exista ningún nivel de disforia emocional dentro de la comunidad homosexual y transgénero más amplia, sino que tal comportamiento se adquiere después del nacimiento y no es un producto del nacimiento.

4.   PHE (Public Health England). "Las nuevas cifras de ITS muestran aumentos continuos entre los hombres homosexuales", *GOV.UK,* (5 de julio de 2016), Web, 12 de noviembre de 2017

5.   El setenta y nueve por ciento de todos los casos adquiridos de VIH se encuentran dentro de la Comunidad Homosexual. Informe de *la Fundación SF Aides* (Sf Department of Public Health), 2017 http://sfaf.org/hiv-info/statistics/.Web, 12 de noviembre de 2017

6.   Centro para el Control y la Prevención de Enfermedades (CDC), "Enfermedades de Transmisión Sexual", (9 de marzo de 2016), *Bisexual Men's Health,* Web, 12 de noviembre de 2017

7.   Land, Emily, "Anal Cancer and HPV: What Gay Men Need to Know." BETA [Una red de prevención del VIH]

8.   Hunt, J. "Why the Gay and Transgender Population Experiences Higher Rates of Substance Use." *Center for American Progress.* (9 de marzo de 2016),Web, 13 de noviembre de 2017

9.   Haas, Ann, Rodgers, Philip, Herman, Jody. "Suicide Attempts among Transgender" ProCon.Org. "¿Puede el abuso sexual infantil causar homosexualidad?" (12 de abril de 2013) [Purcell, David W. Citando: "Abuso sexual infantil experimentado por hombres homosexuales y bisexuales: Comprensión de las disparidades e intervenciones para ayudar a eliminarlos", https://borngay.procon.org/view.answers.php?questionID=000029, Web, 1 de noviembre de 2011

10.   Dailey, Timoteo. "Homosexualidad y abuso sexual infantil", *OrthodoxyToday.org* (12 de abril de 2013), Web, 1 de noviembre de 2017

11.   ibid noviembre 1, 2017

12.   Tillman, James. "Estudio: Homosexualidad vinculada con el trauma infantil", *LifeSiteNews* (julio de 2010), Web, 4 de noviembre de 2017

13.   Austin, S.B., Jun, H.J., Jackson, B., Spiegelman, D., Rich-Edwards, J., Corliss, H.L., Wright, R.J. "Disparities in Child Abuse Victimization in Lesbian, Bisexual, and Heterosexual Women in the Nurses' Health Study II." NCBI (Centro Nacional de Biotecnología), (2008) https://www.ncbi.nlm.nih.gov/pubmed/18447763, Web 4 de noviembre de 2017

14. Paulk, Anne. *Restoring Sexual Identity: Hope for Women Who Struggle with Same-Sex Attraction*, (pp 237-257), (2003) *Harvest House,*Eugene, OR

15. Brown, Michael. "Sí, el abuso sexual infantil a menudo contribuye a la homosexualidad", *Townhall.com* (febrero de 2017) Web, 4 de noviembre de 2017

Capítulo 8

1. McHugh, Paul, *Transgenderism: A pathogenci Meme* LIFE< (18 de junio de 2015) https://www.lifesitenews.com/opinion/trangenderism-a-pathogenic-meme

2. Haas, Ann, Rodgers, Philip, Herman, Jody. *Intentos de suicidio entre adultos transgénero y no conformes con el género*" [Hallazgo de la Encuesta Nacional de Diezmación Transgénero.] The Williams Institute, (enero de 2014), https://williamsinstitute.law.ucla.edu/wp-content/uploads/AFSP-Williams-Suicide-Report-Final. Web, 28 de noviembre de 2017)

3 Cecilia Dhejne, Paul Lichtenstein, Marcus Boman, Anna L. V. Johansson, Niklas Långström, Mikael Landén *Long-Term Follow-Up of Transsexual Persons Undergoing Sex Reassignment* [Surgery: Cohort Study in Sweden], PLOS/one, (February, 22, 2011), NOTE: Study consistd of all 324 sex-reassigned persons (191 male-to-females, 133 female-to-males) in Sweden, 1973–2003. (http://journals.plos.org/plosone/article?id=10.1371/journal.pone.0016885)

4 PubMed.gov, Biblioteca Nacional de Medicina de los Estados Unidos/Instituto Nacional de Salud, *Significado e Implicaciones Políticas de la "Psicopatología" en una clínica* de identidad de género. https://www.ncbi.nlm.nih.gov/pubmed/19105079.

5. The American Journal of Psychiatry. *Comorbilidad psiquiátrica de los trastornos de identidad de género: una encuesta entre psiquiatras holandeses,* (2003) https://ajp.psychiatryonline.org/doi/full/10.1176/appi.ajp.160.7.1332

Capítulo 9

1. Cretella, Michelle, MD, The Daily Signal *The Dangers of a Transgender Ideology,* (11 de diciembre de 2017) http://dailysignal.com/2017/12/11/cretella-transcript/

2. CBSNews.com. "Opiniones disidentes en el fallo sobre el matrimonio entre personas del mismo sexo de la Corte Suprema" (26 de junio de 2015), Web, 18 de noviembre de 2017

3 Adaptado de la historia *The Trolden Glass* (basado en el Troll Mirror del cuento de hadas, *The Snow Queen* y citado en Once Upon a Time de ABC.

Índice